Pedro Calderón de la Barca

Amado y aborrecido

Barcelona **2024**
Linkgua-ediciones.com

Créditos

Título original: Amado y aborrecido.

© 2024, Red ediciones S.L.

e-mail: info@linkgua.com

Diseño de cubierta: Michel Mallard.

ISBN tapa dura: 978-84-9007-037-6.
ISBN rústica: 978-84-9816-393-3.
ISBN ebook: 978-84-9897-104-0.

Sumario

Brevísima presentación

La vida

Pedro Calderón de la Barca (Madrid, 1600-Madrid, 1681). España.

Su padre era noble y escribano en el consejo de hacienda del rey. Se educó en el colegio imperial de los jesuitas y más tarde entró en las universidades de Alcalá y Salamanca, aunque no se sabe si llegó a graduarse.

Tuvo una juventud turbulenta. Incluso se le acusa de la muerte de algunos de sus enemigos. En 1621 se negó a ser sacerdote, y poco después, en 1623, empezó a escribir y estrenar obras de teatro. Escribió más de ciento veinte, otra docena larga en colaboración y alrededor de setenta autos sacramentales. Sus primeros estrenos fueron en corrales.

Entre 1635 y 1637, Calderón de la Barca fue nombrado caballero de la Orden de Santiago. Por entonces publicó veinticuatro comedias en dos volúmenes y La vida es sueño (1636), su obra más célebre. En la década siguiente vivió en Cataluña y, entre 1640 y 1642, combatió con las tropas castellanas. Sin embargo, su salud se quebrantó y abandonó la vida militar. Entre 1647 y 1649 la muerte de la reina y después la del príncipe heredero provocaron el cierre de los teatros, por lo que Calderón tuvo que limitarse a escribir autos sacramentales.

Calderón murió mientras trabajaba en una comedia dedicada a la reina María Luisa, mujer de Carlos II el Hechizado. Su hermanó José, hombre pendenciero, fue uno de sus editores más fieles.

Personajes

Acompañamiento
Aminta, dama, hermana del rey
Aurelio, galán
Clori, dama
Criado
Dante, galán
Diana, diosa
Flora, dama
Irene, dama, infanta de Egnido
Laura, dama
Lidoro, galán
Malandrín, gracioso
Música
Nise, dama
Rey de Chipre
Venus, diosa

Jornada primera

Salen por una parte Dante, y por otra Aurelio

Aurelio   ¿Dónde queda el rey?

Dante   Detrás
de esos ribazos le dejo,
en el alcance empeñado
de un jabalí, cuyo riesgo
veloz Aminta su hermana
sigue también.

Aurelio   Según eso,
ocasión será de que
concluyamos nuestro duelo,
con la novedad que está
citado.

Dante   Para ese efecto
esperando estaba a vista
de este edificio soberbio.

Aurelio   Pues llegad; solos estamos.

Dante   ¡Ah del soberano centro
donde aprisionada vive
toda la región del fuego!

Aurelio   ¡Ah de la divina esfera
del Sol más hermoso y bello
que, a pesar de opuestas nubes,
abrasa con sus reflejos!

Dante	¡Ah del alcázar de amor!
Aurelio	¡Ah del abismo de celos!
Dante	¡Patria de la ingratitud!
Aurelio	¡Monarquía del desprecio!
Aurelio y Dante	¡Ah de la torre!

(En lo alto salen Nise y Flora.)

Flora y Nise	¿Quién llama...
Nise	...tan sin temor...
Flora	...tan sin miedo a estos umbrales?
Dante	Decid a vuestro divino dueño...
Aurelio	Decid a la soberana deidad de ese humano templo...
Dante	...que a ese mirador se ponga.
Aurelio	...que salga a esa almena.
Irene	¡Cielos! ¿Quién para tanta osadía ha tenido atrevimiento? ¿Quién aquí da voces?

Aurelio y Dante	Yo.
Irene	Ya con dos causas, no menos que antes extrañé el oíros, habré de extrañar el veros, no tanto porque del rey atropelléis los decretos, no tanto porque de mí aventuréis el respeto, rompiendo el coto a la línea de mi espíritu soberbio, cuanto porque acrisoléis la ingratitud de mi pecho, que a par de los dioses juzga lograr mármoles eternos. Si de por sí cada uno, aun en callados afectos que apenas a estos umbrales llegaron, cuando volvieron castigados y no oídos, examinó mis desprecios, ¿qué hará, unido de los dos, ahora el atrevimiento? ¿Qué pretendéis? ¿Qué intentáis? Y ¿con qué efecto, en efecto, llegáis aquí? ¿Para qué me dais voces?
Aurelio y Dante	Para esto.
(Sacan las espadas.)	
Aurelio	Que si de ambos ofendida estás, ambos pretendemos,

11

con librarte de una ofensa,
ganar un merecimiento.

Dante
    Y porque de su valor
quede el otro satisfecho,
queremos que seas testigo
tú misma de nuestro esfuerzo.

Aurelio
Ya partido el Sol está,
pues el Sol nos está viendo.

Dante
    Yo, porque no esté partido,
lidiaré por verle entero.

(Riñen.)

Irene
    Tened, tened las espadas;
templad los rayos de acero;
mirad que aun el vencedor
la esgrime contra sí mesmo,
pues no es menor el peligro
de vivir que quedar muerto.

(Siguen riñendo.)

Aurelio
¡Qué valor!

Dante
    ¡Qué bizarría!

Irene
    Llamad quien de tanto empeño
el riesgo excuse.

Nise
    ¡Ah del monte!

Flora	¡Cazadores y monteros del rey!

(Dentro.)

Voz	De la torre llaman. Acudid, acudid presto.
Aurelio	¡Que no acabe con tu vida!
Dante	¡Que dures tanto!

(Salen el Rey y gente.)

Rey	¿Qué es esto?
Aurelio y Dante	Nada, señor.
Irene (Aparte.)	(Las almenas dejaré. Y pues al rey tengo tan cerca de mí, han de hablarle claros hoy mis sentimientos.)

(Vase.)

Rey	¿Qué es esto?, digo otra vez; y no ya porque pretendo que afectado el disimulo desvelar quiera el intento, sino porque ya empeñado estoy en que he de saberlo. ¿Qué es esto, Dante?
Dante	Señor,

no lo sé.

Rey   ¿Qué es esto, Aurelio?

Aurelio   Tampoco sabré decirlo.

Rey   ¡Oh, qué recato tan necio
y tan fuera de que llegue
a conseguirse! Y, supuesto
que lo he de saber, mirad
que casi toca el silencio
en especie de traición.

Dante   A esa fuerza...

Aurelio   A ese precepto...

Dante   ...la causa, señor...

Aurelio   ...la causa...

Rey   Decid.

Dante   ...es amor.

Aurelio   ...son celos.

Rey   Aunque celos y amor sea
respuesta bastante, puesto
que ellos son de acciones tales
culpa disculpada, quiero
más por extenso informarme
de la causa porque, siendo,
como sois, en paz y en guerra

los dos polos de mi imperio,
con quien igual he partido
la gravedad de su peso,

(A Dante.)   valeroso tú en las armas,
(A Aurelio.)   político tú al gobierno,
no es justo, habiendo llegado
yo, dejar pendiente el duelo
para otra ocasión; y así
he de informarme, primero
que le ajuste, de la causa
que tenéis.

Dante   Yo fío de Aurelio
tanto, señor —porque al fin,
sobre ser quien es, le tengo
por competidor y mal,
sin ser noble, podía serlo—,
que lo que él diga será
la verdad; y así te ruego
la oigas dél, pues cuando no
estuviera satisfecho
de su valor y su sangre,
por no decirla yo, pienso
que me dejara vencer,
aun en lo dudoso, a precio
de que mi voz no rompiera
las cárceles del silencio.

Aurelio   Cuando no me diera Dante
licencia de hablar primero,
la pidiera yo, porqué
tan obediente al precepto
de tu voz estoy que, al ver
que tú gustas de saberlo,

15

aunque es mi afecto tan noble
como el suyo, hiciera menos
en callarlo que en decirlo.
Y es fácil el argumento,
pues en materias de amor
siempre calla un caballero
y no siempre un rey pregunta.

Dante   Dices bien, y yo me alegro
que en callar y hablar los dos
tan de un parecer estemos
que, hablando tú y yo callando,
quedemos los dos bien puestos.

Aurelio   Un día, señor...

(Salen Aminta y damas.)

Aminta   Hermano,
¿qué es la causa que te ha hecho
dejar la caza y venir
otra novedad siguiendo?

Rey   De Aurelio, Aminta, lo oirás,
pues que llegas a buen tiempo.

Dante (Aparte.)   (No llega sino a bien malo.)

Rey   Prosigue, pues.

Aurelio   Oye atento.
Un día, señor, que a caza
saliste a este sitio ameno,
y yo contigo, llamado

16

de la ladra de sabuesos
y ventores, que lidiaban
con un jabalí en lo espeso
del monte, di de los pies
a un veloz caballo, a tiempo
que impacientes dos lebreles,
por llegar a socorrerlos,
antes que de la traílla
les diese suelta el montero,
le arrastraban por las breñas,
de suerte libres y presos
que, con cadena y sin tino,
iban atados y sueltos.
Pasaron por donde estaba
y, enredándose ligeros
entre los pies del caballo,
desatentado y soberbio
con ellos lidió, hasta que,
mal desenlazado de ellos,
el eslabón a un collar
rompió, y la obediencia al freno,
tal que de una en otra peña,
sin darse a partido al tiento
de la rienda, disparó,
hasta que, chocando ciego
con lo espeso de unas jaras,
perdió, con el contratiempo,
tierra tan dichosamente
que, él embazado y yo atento,
desamparamos iguales
yo la silla y él el dueño.
Aquí, al cobrarle la rienda,
se enarboló en dos pies puesto
y, llevándome tras sí,

partimos los elementos,
pues el mar de mi sudor
y de su cólera el fuego,
dejándome con la tierra,
le vieron ir con el viento.
Solo y a pie en la espesura,
ni bien vivo ni bien muerto,
sin saber dónde, quedé.
Preguntarásme a qué efecto,
hablándome tú en mi amor,
te respondo yo en mi riesgo.
Pues escucha; que no acaso
te he contado todo esto;
porque, hallándome, según
dirá después el suceso,
dentro del vedado coto
que tienes, gran señor, puesto
a la libertad de Irene,
fue justo decir primero
la disculpa con que yo
romperle pude, supuesto
que fue por culpa de un bruto;
que no pudieran con menos
violento acaso quebrar
mis lealtades tus preceptos.
Solo y a pie, como he dicho,
sin norte, sin guía, sin tiento,
me hallé en la inculta maleza,
las vagas huellas siguiendo
de las fieras que, perdidas
tal vez, tal cobradas, dieron
conmigo en la verde margen
de un cristalino arroyuelo
que, del monte despeñado,

descansaba en un pequeño
remanso, y para correr
paraba a tomar esfuerzo.
¡Oh cómo sin elección
del humano entendimiento
sabe mostrarse el peligro,
sabe sucederse el riesgo!
Dígalo yo; pues llevado
de mí sin mí, discurriendo
al arbitrio del destino
—que homicida de sí mesmo,
sin saber dónde guía, sabe
dónde está el peligro, haciendo
de las señas del escollo
seguridades del puerto—,
me vi, cuando juzgué a vista
de los descansos, oyendo
de no sé qué humana voz
los mal distintos acentos,
y tan lejos del alivio
que, áspid engañoso el eco,
en las lisonjas del aire
escondía su veneno.
Estaba en la verde esfera
del más intrincado seno,
tejido coro de ninfas
como guardándole el sueño
a una deidad, recostada
en el apacible lecho
que de flores, yerba y rosa
estaba el aura mullendo.
No te quiero encarecer
su perfección; solo quiero,
para disculpa, que sepas

que vi y amé tan a un tiempo
que, entre dos cosas no pude
distinguir cuál fue primero,
pues juzgo que volví amando
aun antes de llegar viendo.
Apenas entre las ramas
el templado ruido oyeron
de las hojas que movía
la inquietud de mi silencio
cuando todas asustadas
por las malezas huyeron
del monte. Quise seguirlas,
mas no pude; que, resuelto
delante un guarda me puso
el arcabuz en el pecho,
diciéndome que me diese
a prisión, por haber hecho
contra las órdenes tuyas
tan notable atrevimiento
como haber roto la línea
de aquese vedado cerco.
Dije quién era y la causa,
a cuya disculpa atento,
disimulando conmigo,
guió mis pasos, diciendo
lo que yo le dije a Dante
después, de cuyo secreto
vino a originarse en ambos
la ocasión de nuestro duelo,
que fue que aquel bello asombro,
aquel hermoso portento,
era Irene.

Rey   Calla, calla,

no prosigas; que no quiero
saber que traidor tu engaño
adora lo que aborrezco.
Mujer, enemiga mía,

(Aparte.)   sangre aleve de quien... (Pero
¿a mí puede destemplarme
tanto ningún sentimiento?)
¿Es ella, Dante, también
la que tú adoras?

Dante   Supuesto
que yo el secreto no he dicho,
poco importa del secreto
que diga la circunstancia.
Sí, señor, pero advirtiendo...

(Aparte.)   (Perdone Aminta.)

Aminta (Aparte.)   (¡Ay de mí!
¿Qué escucho?)

Dante   ...que fue primero...

Aminta (Aparte.)   (¡Ah, ingrato amante!)

Dante   ...mi amor...

Rey   ¿Qué?

Dante   ...que tu aborrecimiento.

Rey   ¿Primero tu amor? Prosigue.
¿De qué suerte?

Dante   Escucha atento.

Lo que por mayor supiste
sabrás por menor; que temo,
por obligar lo que adoro,
enojar lo que aborrezco.

Aminta (Aparte.)   (¡Oh, quiera Amor que yo pueda
reprimir mis sentimientos!)

Dante   Lidógenes, rey de Egnido,
tributario del imperio
de Chipre, que largos años
te deje gozar el cielo,
en campaña contra ti
puso sus armas, diciendo
que no había de pagarte
aquel heredado feudo
que a tu corona tributan
los avasallados reinos
que el Archipiélago baña,
porque el de Egnido era esento
a causa de no sé qué
mal honestados pretextos,
que no me toca argüirlos,
aunque me tocó vencerlos.
Tú indignado preveniste
tus armadas huestes, siendo
yo su general, a quien
honraron con este puesto
siempre, señor, tus favores
más que mis merecimientos.
Con ellas, pues, salí en busca
de tu enemigo; y, supuesto
que sabes que le vencí,
solo en esta parte quiero,

por lo que al suceso toca,
eslabonar el suceso.
Y así diré solamente
que aquel día en que vi puesto
de la fortuna al arbitrio
todo el poder de tu imperio,
fauto para mí e infausto
fue, pues me vi a un mismo tiempo
ser vencedor y vencido,
cuando, en fuga el campo puesto
de Lidógenes, que iba
desbaratado y deshecho,
entre el bélico aparato
de tanto marcial estruendo,
tanto militar asombro
reconocí un caballero
que a todos sobresalía
por ser su arnés un espejo
en quien se miraba el Sol,
que, blandiendo herrado el fresno,
la sobrevista calada,
en un bruto tan ligero
que pareció que volaba
con las plumas de su dueño,
de las desmandadas tropas
que iban por el campo huyendo
el desorden reducía,
valiente, animoso y diestro,
solicitando rehacerlas
para empeñarlas de nuevo,
por ver si así mejoraba
de fortuna en el reencuentro.
Puse en él los ojos y él,
adivinando mi intento,

que a veces el corazón
habla de parte de adentro,
saliéndome al paso, hizo
elección de mejor puesto,
ocupando de un ribazo
la loma, cuyo terreno,
algo pendiente, le hacía
ventajoso, donde habiendo
proporcionado a su juicio
la distancia del encuentro,
pasó de la cuja al ristre
la lanza con tal denuedo
que, hecho a la mano el caballo,
sin esperar el acuerdo
de la espuela, para mí
partió tan galán, tan diestro
que diera miedo a cualquiera
que hubiera de tener miedo.
Yo, que sobre el mismo aviso
estaba, habiendo primero
reparado mi caballo,
por ganarle algún aliento,
al verle partir, partí
tan igual con él que entiendo
que, a haber medio entre los dos,
el choque dijera el medio.
Entre baberol y gola
el asta me rompió, a tiempo
que yo de la gola arriba
la mía rompí, subiendo
en átomos, no en astillas,
tal altos entrambos fresnos
que, de la región del aire
pasándose a la del fuego,

por encenderse, tardaron
en caer o no cayeron.
Mal afirmado en la silla
quedó un rato porque, haciendo
en las grabazones presa
el trozo último del cuento
se llevó con el penacho,
falseando el tornillo al yelmo,
la sobrevista tras sí,
de manera que, volviendo
a recobrarse en el torno,
empuñanado el blanco acero,
a buscarme y a buscarle,
le vi el rostro descubierto,
en cuya rara hermosura,
en cuyo semblante bello
suspendido y admirado,
juzgué que, Adonis con celos
de Marte, pretendía dar
satisfacciones a Venus
de que lo hermoso no solo
es en las cortes soberbio.
Embistióme, pues, segunda
vez, en cuyo trance creo
que quedara victorioso,
según yo estaba suspenso,
si, tropezando el caballo
—quizá fue en mi pensamiento,
pues yo se le eché delante—,
con él no diera en el suelo,
de cuyo acaso gozando,
me hallé vencedor en duelo
tan dudoso que quedamos
uno de otro prisionero,

él de mi esfuerzo, mas yo
de su hermosura y su esfuerzo.
Retiráronle a mi tienda,
y fui el alcance siguiendo
hasta que, ya coronado
de despojos y trofeos,
canté la victoria, y más
cuando, a mis reales volviendo,
supe al entrar en mi tienda
que el hermoso prisionero
que en ella estaba era..

(Salen Irene, Clori y Laura.)

Irene   Yo,
que llegar, señor, no temo
a tus pies, gozando de esta
ocasión que hoy me da el cielo,
porque sé que en tus enojos
nada aventuro, supuesto
que no aventuro la vida,
porque es la que yo no tengo.
Y así, pues he de morir
sepultada en mi silencio,
muera anegada en mi llanto,
y débate por lo menos,
en albricias de mi muerte,
el estarme un rato atento.
　　Hija soy de Lidógenes de Egnido
isla del Archipiélago que, ufana,
como ésta a Venus consagrada ha sido,
aquélla consagrada fue a Diana,
de cuyo opuesto rito ha procedido
entre las dos la enemistad tirana

que las mantiene en iras y rencores,
hija de olvidos una, otra de amores.

A aquesta causa aborrecidos creo
que siempre unos isleños de otros fuimos;
y así no hay que buscarle nuevo empleo
a nuestra enemistad, pues siempre vimos
que, opuesto el culto, opuesto está el deseo;
con que unos y otros al nacer hicimos
callados homenajes en la cuna
de aborrecer nuestra mejor fortuna.

Este, pues, heredado horror, que vario
el tiempo no borró de la memoria,
engendró en nuestra gente el temerario
pretexto de negarte aquella gloria
de que su rey te fuese tributario;
y aunque declare el cielo la victoria
en tu favor, nos queda por consuelo
creer que tuvo otro motivo el cielo.

Pues no siempre sus orbes celestiales,
no siempre sus luceros, sus estrellas,
árbitros de los bienes y los males,
lo mejor distribuyen que hay en ellas,
porque importa tal vez que desiguales
los dioses oigan mal nuestras querellas
y, siendo su instrumento el enemigo,
injusticia parezca el que es castigo.

Y así, dejando aparte que tuviese
otra razón mi padre, pues ninguna
es mayor que pensar cuánto le pese
ver mejorada en algo tu fortuna,
voy —o ya fuese justa o no lo fuese
la guerra— a si hay alguna ley, alguna
razón para que, siendo prisionera,
en una torre emparedada muera.

Si yo en los ejercicios de Diana,
por ser a su deidad más parecida,
tan altiva nací, viví tan vana
que, siendo de las fieras homicida,
quise llegar con ambición ufana,
quise pasar con fama esclarecida
a serlo de los hombres, porque vieras
cuánto son para mí los hombres fieras
    —a cuyo efecto vine gobernando
del ejército el trozo que postrero
se puso en fuga, ¡ay infelice!, cuando
contra mí el hado articuló severo
la infausta voz que el enemigo bando
victoria apellidó, y por eso infiero
    que rigor a rigor añadir miras,
crüeldad a crüeldad, iras a iras—,
    ¿de cuándo acá en los reyes ha durado
desde un día rencor para otro día?
¿De cuándo acá la indignación del hado,
fiera al vencer, no es en venciendo pía?
Si mi valor te puso en tal cuidado,
mi valor es también el que debía
ponerte en el de honrarme, pues ha sido
gloria del vencedor la del vencido.
    Y ya que esta razón en ti no alcanza
piedad, por tantas causas merecida,
acaba de una vez con tu venganza;
de una vez, no de tantas se despida,
porque de aquestos pies, sin esperanza
de mi muerte, no digo de mi vida,
no me he de levantar, donde en despojos
las lágrimas consagro de mis ojos.
    Y porque afable esa deidad humana
responda al sacrificio que la adora,

no soy de armadas huestes capitana,
no infanta soy de Egnido vencedora,
no soy sacerdotisa de Diana,
pues solo soy una mujer que llora,
tan modesta en pedir que aun de esta suerte
no pido más de que me des la muerte.

Rey   Levanta, Irene, del suelo;
y pues en público acusas
mi majestad de tirana,
para que serlo no arguyan,
ni tú, ni cuantos oyeron
las hermosas quejas tuyas,
aunque lo sienta, he de darte
en público la disculpa.
El día que tuve aviso
de aquella batalla, en cuya
victoria estribó el honor
de mi majestad augusta,
hice sacrificio a Venus,
cuya hermosa deidad suma,
tutelar de Chipre, siempre
velando está en guarda suya.
Ella, al tiempo que sus aras
religioso fuego ahuma,
a mi culto agradecida,
por su oráculo articula
que vencerían mis armas,
pero tan a costa suya
que el mejor despojo de ellas
sería...

(Dentro ruido grande.)

Lidoro	Asombros y furias nos combaten.
Uno	¡Iza!
Otro	¡Amaina!
Otro	¡Qué pena!
Otro	¡Qué ansia!
Otro	¡Qué angustia!
Lidoro	¡Piedad, dioses!
Todos	¡Piedad, cielos!
Rey	Cuanto iba a decir pronuncia por mí el aire, pues en quejas la voz a mis labios hurta.
Irene	No, señor, en los acasos el constante varón funda agüeros; lamentos son, cuantos hoy tu acento usurpan, de un derrotado bajel que, sin norte y sin aguja, antes de tomar el puerto, está corriendo fortuna.
Aminta	Es verdad, pues, contrastado de dos violentas injurias, con los vientos y las ondas a brazo partido lucha.

Nise
> Ya de ambas sañas movido,
> no sabe a qué parte sulca.

Flora
> Embates de mar y tierra
> le zozobran y le asustan.

Aurelio
> Y tanto que desbocado
> choca con las peñas duras.

Dante
> En ellas cascado el pino,
> su todo en partes menudas
> desata, de suerte que
> ya el que fue bajel es tumba.

(Dentro.)

Lidoro
> ¡Piedad, Diana!

Diana
> A mí siempre
> me fue contraria la espuma,
> que es de la deidad de Venus
> primer patria y primer cuna.

Lidoro
> ¡Piedad, Venus!

Venus
> No hay piedad
> con quien estos puertos busca,
> en sus entrañas trayendo
> tan grande traición oculta.

Todos
> ¡Piedad, dioses! ¡Piedad, cielos!

Irene
> ¡Qué pena!

Aminta	¡Qué ansia!
Todos	¡Qué angustia!
Rey	Esperad aquí las dos, siendo paréntesis una desdicha de otra, entre tanto que hoy el primero yo acuda a socorrer en la orilla los que náufragos fluctúan.

(Vase.)

Dante	Ociosa piedad será, que, hidrópica la sañuda sed del mar, ni aun un fragmento arroja a tierra.

(Vase.)

Aurelio	En cerúleas bóvedas el mar dio a todos pira, monumento y urna.

(Vase.)

Irene	Aunque la piedad, Aminta, no es prenda de la hermosura, puesto que en humano pecho nadie las vio vivir juntas, la de esta mísera ruina será bien que aquí reduzca a tus pies —bien que a pesar

de mi altivez— mi fortuna
te suplica que intercedas
con tu hermano que concluya
con mi vida, dando fin
a una prisión tan injusta.

Aminta   Los motivos de mi hermano,
que estorbó esa desventura
decir, hasta ahora nadie
sabe, pero está segura
que, si estuviera en mi mano
tu libertad, es sin duda
que desde un instante acá,
según el verte me angustia,
estuvieras ya, no digo,
Irene, en la patria tuya,
pero aun donde no pudieras
volver a estas islas nunca.

Irene   De tu generosa sangre
lo creo, y está segura
tú también que, cuando no
fuera felicidad suma
la libertad, por no verme
donde atrevido presuma
Dante halagar con finezas
los ceños de mis injurias,
lo estimara.

Aminta   Según eso,
¿verte amada te disgusta
de Dante?

Irene   Y tanto...

Aminta (Aparte.)   (¡Alma, albricias!)

Irene   ...que el incendio de mi furia
                       no ha de apagarse hasta que
                       sea con la sangre suya.

Aminta (Aparte.)   (Primero con su poder
                       todo el cielo te destruya.)

Irene   ¿Qué dices?

Aminta (Aparte.)   Nada. (¡Ay, amor,
                       siempre mi pesar procuras,
                       primero por si le amaba
                       y agora porque le injuria!)

(Salen el Rey, Dante y Aurelio.)

Rey   No se ha visto igual estrago;
                       apenas la saña bruta
                       de ese monstruo dio a la arena
                       ni aun la seña más menuda
                       de su naufragio.

Aminta   Pues ya
                       que, como dices, es una
                       pena paréntesis de otra,
                       no venzan ambas y suplan
                       noticias de la primera
                       lástimas de la segunda.

Rey   Dices bien, y así mi voz
                       en lo que empezó discurra,

diciendo que al tiempo que
religioso fuego ahuma
—aquí quedamos— las aras
de Venus, su voz pronuncia
que vencerían mis armas,
pero tan a costa suya
que trocaría el despojo
en desdicha la ventura.
Veniste tú prisionera
y, viendo cuánto se aúnan
vaticinios que amenazan
ruinas, tragedias e injurias
con bellezas que aun después
de verse vencidas triunfan,
hurtarte quise a los ojos
de mis gentes. ¡Qué locura!
¡Buscar medios que embaracen
donde hay estrellas que influyan!
Dígalo el ver que, aun guardada
en las entrañas incultas
de estos montes, has podido
dar principio a las futuras
ansias que temí, poniendo
en campal ardiente lucha
los héroes que de mi imperio
son las más fuertes colunas.
Y pues infalible el hado
ni se estorba ni se excusa,
pues antes busca su efecto
quien su impedimento busca,
entre tu llanto y mi miedo
partir pretendo la duda,
y que ni libre ni presa
quedes.

Irene   ¿De qué suerte?

Rey   Escucha,
               y escuchad todos. Irene,
               en cuya rara hermosura
               la de nuestra diosa Venus
               no quiere sufrir segunda,
               no ha de volver a su patria,
               pues su persona asegura
               la invasión de estos estados,
               siendo a la contraria furia
               de sus movimientos freno,
               y de su cerviz coyunda.
               Quedarse como se estaba,
               viendo que así no se excusan
               los riesgos, es miedo inútil.
               Si aun guardada nos perturba,
               darla libertad tampoco;
               pues será poner sin duda
               en su libertad al hado.
               A todo lo cual se junta
               a muerte estar condenados
               los dos. Pues haya una industria
               que disculpe mis crueldades
               y que repare las suyas.
               Esta ha de ser; que en mi estado
               tome estado, con que ajustan
               mis recelos que a su patria
               volverse no pueda nunca,
               siendo su alcaide su esposo;
               con que también se asegura
               que su sucesión vasalla
               la ley de mi imperio sufra.

36

Y puesto que éste ha de ser
uno de los dos, con cuya
satisfacción el delito
de romper esta clausura
queda también honestado,
cada uno consigo arguya
quién querrá esposa con quien
Venus desdichas le anuncia,
el hado, ruinas, y todo
el cielo penas y angustias;
advirtiendo que ha de ser
la primera a que se ajusta
perder mi corte y mi gracia,
pues lo que aborrezco busca,
y sangre enemiga mía
hacerla su esposa gusta.
Y pues os doy a escoger,
brevemente lo discurra
vuestro amor, que habéis de darme
respuesta luego, y presuma
cualquiera que de esta ley,
o sea justa o no sea justa,
no será la culpa mía,
puesto que es la elección suya.

Irene   Mira, señor, que sin mí
esa nueva ley promulgas
y, en vez de librarme, a más
estrecha prisión me mudas.
¿Yo la mano...?

Rey   Esto ha de ser.

(Vase.)

Aurelio	Pues si eso ha de ser, escucha;
	que yo que pensar no tengo.
	Perdóneme una hermosura,
	porque no ha de ser mi amor
	árbitro de mi fortuna.

(Vase.)

Aminta	Dante, en la elección que hicieres,
	mira bien lo que aventuras,
	que pierdes al rey y pierdes...
	pero prosíganlo mudas
	penas, que dichas son pocas
	y calladas serán muchas.

(Vase.)

Irene	Dante, porque no por mí
	desperdicies tu ventura;
	la gracia del rey conserva,
	en ella tu aumento funda;
	que yo, que no he de pagarte
	rendidas finezas nunca
	con amor, con desengaños
	intento que uno a otro supla;
	porque desde el día que fuiste
	de mi tragedia importuna
	el principal instrumento,
	te aborrecí con tan suma
	aversión que, si me hicieses
	reina del mundo absoluta,
	antes de darte mi mano
	ni que llegara a ser tuya,

volviera, no digo solo
a aquesa prisión inculta,
pero a vivir desde luego
las entrañas de una gruta,
donde a este vivo cadáver
sirviese de sepultura
o la pira de ese monte
o de ese risco la tumba.

(Vase.)

Dante   ¡Ay, infelice! ¿Quién vio
atropellarse tan juntas
en dos iguales bellezas
los favores y las furias,
las finezas y las iras,
las sañas y las blanduras,
las lágrimas y las penas,
las quejas y las injurias?

(Sale Malandrín.)

Malandrín   ¿Era hora, señor, de hallarte?
¿Dónde están los que te buscan?
Que hasta uno o dos yo haré que
no te ofendan; y es sin duda,
pues, huyendo yo, tras mí
irán, con que te aseguras
de ellos, para que se vea
que no hay pendencia ninguna
donde no sirva de algo
un camarada, aunque huya.
¿Qué pendencia ha sido ésta?
¡Ah, señor!

(Dante, divertido, da un golpe a Malandrín al decir las siguientes palabras.)

Dante   ¡Oh suerte dura!

Malandrín   ¡Y cómo que lo es, y está
                        tu suerte en la mano tuya!
                        ¡Oigan, qué sesgo se queda!
                        ¿Quién vio suspensión tan muda?
                        Vamos por estotra mano,
                        por si es más quieta la zurda.
                        ¡Ah, señor!

(Dante, divertido, le da otro golpe.)

Dante   ¡Válgame el cielo,
                        y qué crueldad tan injusta!

Malandrín   Por muy injusta que es,
                        bastantemente se ajusta
                        a cuánto es pedir de boca.

(Dante repara en Malandrín.)

Dante   ¿Quién está aquí?

Malandrín   ¿Ahora lo dudas?
                        Pues ¿no lo dudaras antes
                        de las dos manifacturas?

Dante   ¿Qué manifacturas?

Malandrín   ¡Bueno!
                        ¿Por tan liberal te juzgas

que de lo que das te olvidas?

Dante
    Deja, Malandrín, locuras;
que no estoy de burlas.

Malandrín
    Pues
¿quién está, señor, de burlas
si ya no es que sean de manos,
tan pesadas como tuyas?
Pero ¿qué es esto? ¿Qué tienes?
¿Qué suspiras? ¿Qué murmuras
entre ti? Dime tus penas.

Dante
    ¡Ay, infeliz, que son muchas!

Malandrín
    Pues no me las digas todas;
que hartas habrá con algunas.

Dante
    Aurelio, como a su amigo,
fiándome la pena suya,
me dijo que a Irene adora.

Malandrín
    Pues ¿qué importa?

Dante
    ¿Hay tal locura?

Malandrín
    La locura es importar
entre amigos. ¿Que se pudra
un hombre de que otro quiera
lo que él quiere?

Dante
    Si no escuchas,
no diré que de este acaso
en nuevo duelo resulta

reñir los dos, y que el rey
a partido nos reduzca
de que el que case con ella
pierda...

Malandrín   ¿Qué?

Dante   ...la gracia suya.

Malandrín   Pues ¿hay más de no casarse?
¿Vale tanto una hermosura,
señor, como una privanza?

Dante   Y aun es de tantas fortunas
no la menor...

Malandrín   ¿Qué?

Dante   ... que Aminta
generosamente acuda
a vengar sus sentimientos.

Malandrín   Por cierto que tú te asustas
de una cosa que no sé
en qué discreción la fundas;
pues cuando está más celosa
es cuando está más segura
una dama. ¿Por qué piensas
que en este tiempo es cordura
tener un hombre dos damas,
sino porque, si la una
falta, quede la otra que
la cátedra sustituya?
Y así soy de parecer

	que a Irene dejes y suplas
	a la una con la otra,
	y a la otra con la una.

Dante
　Calla, loco, no prosigas;
que el oírte me disgusta,
cuando, al ver que una me obliga
al paso que otra me injuria,
temo que desesperado
al mar me arrojen mis furias,
donde en el último aliento
digan lástimas tan justas...

(Dentro.)

Lidoro
　¡Ay infelice de mí,
contra cuya suerte dura
todo el poder de los hados
tiranamente se aúna!

Dante
　Aguarda. ¿Qué voz es ésta?

Malandrín
　　Pues ¿a quién se lo preguntas?
¿Sélo yo?

Dante
　A lo que se deja
ver, entre ruinas caducas
que el mar a la tierra arroja,
de las ondas, con quien lucha,
parece que un hombre escapa
la vida casi difunta.

Lidoro
　¡Si aun no estás vengada, Venus,
de tu cólera sañuda,

no me des puerto en la tierra,
pero dame sepultura!

Malandrín   Lo de «morir a la orilla»
se dijo por él sin duda.

(Sale Lidoro como arrojado y desnudo.)

Dante   Infelice peregrino
del mar, si de tu fortuna
la última línea no tocas,
el perdido aliento ayuda,
que otro infelice en sus brazos
te recibe, porque acuda
a quien fluctúa en el mar
quien en la tierra fluctúa.

Lidoro   Si vuestra piedad... No puedo
proseguir; que la voz muda,
dentro del pecho anegada,
todos mis sentidos turba.
¡Ay infelice de mí!
¡Muerto soy!

(Desmáyase.)

Dante   ¡Qué desventura!
¿Si ha espirado?

Malandrín   No, señor,
que aun agonizando pulsa.

Dante   Llévale a aquesa cercana
población.

44

Malandrín	¿Quién?
Dante	Tú; y procura que con algún beneficio los alientos restituya.
Malandrín	Juro a Baco que es el dios por quien los pícaros juran, que tal no lleve. ¡Por cierto, linda comisión!
Dante	¿Qué dudas?
Malandrín	Andar con un muerto a cuestas por aquestas espesuras.
Dante	Llévale; que yo no puedo.
Malandrín	Ni yo tampoco. Sin duda, que a lo que infiero era...
Dante	¿Qué?
Malandrín	Amante de sola una, porque es necio tan pesado que las costillas me abruma.

(Vase Malandrín, llevándolo a cuestas a Lidoro.)

Dante	En efecto no hay desdicha de quien no es otra mayor consuelo.

(Salen el Rey, Aurelio, Aminta e Irene.)

Rey   ¡Dante!

Dante   ¿Señor?

Rey   ¿Has consultado, por dicha,
la respuesta que has de dar?
Que ya la de Aurelio sé.

Dante   Óigala yo, para que
a ella responda.

Aurelio   Que estar
contra Irene conjurado
el poder de las estrellas
y que su destino en ellas
infausto nos diga el hado
no acobarda mi amor
la resolución gallarda,
porque solo la acobarda
perder la gracia y favor
del rey, a quien, dando indicio
de mis lealtades, rendida
pongo a sus plantas mi vida
en humano sacrificio
que de ella hago a Irene bella;
pues, muriendo de dolor,
habrá cumplido mi amor
con él, conmigo y con ella.

Dante   Pues yo, señor...

Aminta (Aparte.)   (¡Ay de mí!

¡Con qué de temores lucho!)

Irene (Aparte.)   (Dos veces muero, si escucho
                       desaires de un no y un sí.)

Dante   Pues yo, señor, asentado
                       que esto no toca en lealtad,
                       supuesto que es voluntad
                       tuya, digo que del hado
                          las amenazas no temo;
                       pues cuando precisas fueran,
                       y no contingentes, vieran
                       mis desdichas el extremo,
                          con que el miedo les perdía;
                       pues no es posible, señor,
                       que haya desdicha mayor
                       que no ser Irene mía.
                          Y siendo así, me prefiero,
                       tras el temor de los hados,
                       a perder puestos y estados;
                       porque, si hoy sin ella muero,
                          todo se pierde al perdella;
                       y quiero de aqueste modo,
                       perdiéndolo en ella todo,
                       perderlo todo y no a ella.
                          Y así, a tus plantas rendido,
                       la doy la mano.

Rey   Detente,
                       loco, bárbaro, imprudente,
                       necio y desagradecido;
                          que, aunque licencia te di
                       para que elección hicieras,
                       viendo que preferir quieras

tu amor a mi gracia así,
   tanto el desdén he sentido,
puesto que no sea traición,
que, en castigo de esa acción,
no has de ser tú su marido;
   sin todo te has de quedar.

(A Aurelio)   Y en premio de que tú fueses
quien más mi favor quisieses
que no adquirir y lograr
   una hermosura, has de ser
quien la merezca; de modo
que venga a perderlo todo
quien nada quiso perder.

(A Dante.)   De mi corte desterrado
al punto, Dante, saldrás,
sin más honores, sin más
hacienda ni más estado
   que la vida. Y para que
sea el dolor más tirano,

(A Aurelio.)   dale tú a Irene la mano
delante de él; que yo haré
   ser tan dichoso con ella
que desmienta mi favor
el ceño de su rigor
y el influjo de su estrella.
   Dale la mano.

Aurelio   Hoy verás,
Irene, que no temía
tu suerte, sino la mía.

Irene   Espera; que aun falta más.
(Al Rey.)   Señor, aunque el hado impío
a ti me tiene rendida,

eres dueño de mi vida,
pero no de mi albedrío.
    Y cuando su dueño fueras,
que es lo que en ninguna acción
aun los dioses no lo son,
obligarme no pudieras
    a que le diera la mano
a quien, sabiendo que es mía,
lograrla no anteponía
al mayor favor humano.
    A Dante no se la diera
tampoco, aunque lo mandaras;
porque cuantas luces claras
contiene del Sol la esfera
    no pudieran hacer, no,
habiendo —iay infeliz!— sido
el que a tus pies me ha traído,
que no le aborrezca yo.
    Con que hoy a morir me ofrezco,
antes que darme al partido
ni de uno que me ha ofendido,
ni de otro a quien aborrezco.
    Y así, de ninguno yo
he de ser; que, a ti rendida,
podrás quitarme la vida,
mas forzarme el alma no.
    Pues cuando no baste estar
segunda vez sepultada,
me has de ver desesperada
echar de esa torre al mar.

(Vase.)

Rey   ¡Oye, aguarda! —Ven conmigo,

Aurelio; que hoy has de ser
su esposo—. Y tú agradecer
puedes que templo el castigo
  de tu ingratitud villana.
Y así, sin puesto ni estado,
de mi vista desterrado
parte al instante.

(Vase.)

Aurelio   ¡Qué ufana
  la Fortuna me previene
dichas, pues por justa ley
gozo la gracia del rey
y la hermosura de Irene!

(Vase.)

Aminta   ¡Dante!

Dante   (¡Solo hoy a mi vida
faltaba, desesperada,
tras desprecios de una amada,
quejas de una aborrecida!)

Aminta   Bien pensarás que quejosa
me tiene tu libertad,
Dante; pues sea o no verdad,
no me he de vengar celosa
  de ti, ni de tus desvelos;
que soy quien soy, para que
mi sentimiento se dé
al partido de los celos.
  Sin la gracia del rey vas

de su corte desterrado,
sin dama, hacienda ni estado.
No sé quién lo sienta más.

    La dama no podré dalla,
que no es mía; mas podré
hacienda y estado, en fe
de que tan noble se halla
    mi voluntad que ofendida
aun sabrá volver por sí.
Espérame, Dante, aquí;
que para que de tu vida
    repares la ruina, es bien
que yo —corrida lo digo—
parta mis joyas contigo.
Llévete el cielo con bien,
    y dondequiera que fueres,
sepa yo, Dante, de ti.

(Vase.)

Dante   ¡Qué bien te vengas de mí!
Mas eres al fin quien eres,
    y no te puedes negar
la estimación que te debes.
¡Que digan que no hay aleves
influjos para forzar
    un albedrío! Es quimera;
porque ¿cómo puede ser
que quiera yo no querer,
y que quiera aunque no quiera,
    sin que aquel desdén mitigue
este amor, y sin poder
que éste me obligue a querer,
ni aquél a olvidar me obligue?

Miente el astro que ha influido
tan varios efectos hoy
que me hace, entre amor y olvido,
feliz e infeliz, pues soy
amado y aborrecido.

Fin de la primera jornada

Jornada segunda

(Salen Lidoro y Malandrín.)

Malandrín   Será para mi señor
vuestra salud linda nueva,
según quedó lastimado
de vuestra infeliz tragedia.
Y así, a que me dé en albricias
algún vestido que pueda
suplir el que yo os he dado,
a buscarle iré; pues cierta
cosa será que uno y otro
me lo estime y agradezca.
Pues no dudo que, a no estar
obligado a la asistencia
del rey que, como ya os dije,
anda a caza, él mismo fuera
quien os trajera en sus brazos.

Lidoro   Su vida el cielo y la vuestra
guarde, para que la mía
en igual fortuna pueda
desempeñar generosa
la obligación y la deuda.

Malandrín   ¿Cómo igual fortuna? Eso
es lo mismo que se cuenta
de un hombre que estaba malo;
y, viendo la gran fineza
con que le asistía un amigo,
le dijo en voz lastimera:
«Plegue a Dios que me veáis
sano, amigo, y que yo os vea

morir a vos, para que
conozcáis de mi asistencia
lo agradecido que estoy
a la mucha piedad vuestra.»
Vos así...

Lidoro   No la malicia
apliquéis; que bien se deja
ver adónde va a parar.
Y, aunque es fácil la respuesta,
con que no solo en los mares
corren los hombres tormenta,
no la he de dar; mas supuesto
que vais a buscarle, es fuerza
acompañaros, porqué
mi vida a sus pies ofrezca.

Malandrín   Pues venid conmigo.

Lidoro   En tanto
que damos con él, quisiera
que me dijerais quién es,
par que advertido sepa
la estimación con que debo
llegar a hablarle.

Malandrín   Bien se echa
de ver que sois extranjero,
pues no os han dicho las señas
de su casa y su familia,
que es...

(Dentro voces y ruido.)

Unos	¡Qué desdicha!
Otros	¡Qué pena!
Aminta	¡Socorro, cielos, piedad!
Lidoro	¿Qué ruido y qué voz es ésta?
Malandrín	Un caballo que del monte desbocado se despeña con una mujer.
Lidoro	¿Qué aguarda el valor que en mí se engendra que no socorre su vida? Pues basta que mujer sea para que la suya un hombre aventure en su defensa.

(Vase.)

Malandrín	¡Qué veloz el extranjero por lo intrincado atraviesa del bosque para salirle al paso! ¡Qué airoso llega y, poniéndose delante con la espada, pasar deja al bruto a distancia que, cortándole entrambas piernas, convierte en fácil caída su desbocada violencia! ¡Famosa suerte! El caballo le den, pues le desjarreta. Ya en sus brazos la recibe.

¡Oh qué acción! ¡Que no supiera
yo que hacerla no tenía
más dificultad que hacerla!

(Sale Lidoro con Aminta en los brazos.)

Lidoro   Perdonad, divino asombro,
que a vuestra deidad me atreva;
que no se aja en el peligro
el respeto, ni se cuenta
en número de dichoso
el que es dichoso por fuerza;
y alentad, que ya segura
estáis.

Aminta   A tanta fineza
deudora soy de la vida.

Lidoro   Si errar vuestra voz pudiera,
vuestra voz, señora, errara
en reconocer la deuda,
que no sois vos quien la debe.

Aminta   Pues ¿quién?

Lidoro   Toda la luz bella
del Sol que, sin vos, estaba
ya en vuestro desmayo muerta;
y mal pudiera yo...

(Salen el Rey, Nise y criados.)

Rey   Aminta,
mil veces en hora buena

te hallen mi vista y mis brazos
con la vida que desean.

Aminta
      Para que a tus pies, señor,
una y mil veces la ofrezca.

Rey
    Retírate a aquesa torre;
que, aunque es prisión de una fiera,
el acaso nunca elige.

Aminta
      No hay para qué; yo estoy buena.

Nise
   A todas nos da, señora,
tu mano a besar.

Flora
    Y sea
tan dichosa la desdicha
que, quebrando el ceño en ella
de la fortuna, se quede
en el amago suspensa.

Aminta
      Dios os guarde; que a no ser
por el brío o la destreza
de ese joven que atajó
del caballo la soberbia,
a más pasara el peligro.

Malandrín
    Guarde Dios a Vuestra Alteza,
por las honras que me hace.

Rey
   ¿Fuisteis vos?

Malandrín
No, mas pudiera
haber sido. Y por sí o no,

es justo que lo agradezca.
Fuera de que si a priori
el argumento se empieza,
yo fui quien le dio la vida.

Rey   ¿Cómo?

Malandrín   Como llevé a cuestas
a quien a ella se la dio,
después que de la tormenta
mi amo le entregó en mis brazos.
Y es precisa consecuencia
que él no diera vida a Aminta
si yo a él no se la diera.
Y así, si ella por él vive,
por mí viven él y ella.

Rey   ¿Vos derrotado del mar
salisteis a aquestas selvas?

Lidoro   Sí, señor; que no hay desdicha
que para dicha no venga.

Rey   ¿De dónde era aquella nave?

Lidoro (Aparte.)   (Desmentir de dónde es fuerza.)
De Abido, que a Alejandría
de Egipto pasaba, llena
de riquezas y esperanzas.
Mas ¿quién a agua y viento entrega
a menos costa, señor,
esperanzas y riquezas?
Pues, de la náutica hablando,
dijo un cuerdo que no era

maravilla que los hombres
en la mar hallasen senda,
sino que osasen hallarla
para no más que perderla.

Rey

Y ¿qué érades de la nave:
mercader o patrón de ella?

Lidoro

Ni uno ni otro; que lo más
a que se extendió mi estrella
fue, señor, a ser un pobre
marinero; de manera
que, con escapar la vida,
escapé toda mi hacienda.

Rey

Poned los ojos en qué
haceros mercedes pueda;
que a más de la obligación
vuestras fortunas me dejan
compadecido.

Lidoro

Tus plantas
beso humilde, aunque por esta
acción, para no pedir
merced, me has de dar licencia.

Rey

¿Por qué?

Lidoro

Porque, si grosero
la pongo, señor, en venta,
será desairar la dicha
de haber merecido hacerla.
En otra ocasión podrás
honrarme; que es acción necia

| | que a vista de tal servicio |
| | pida el premio. |

Malandrín   Pues lo yerras;
que si en la ocasión un hombre
que sirve no se aprovecha,
en pasándose, maldito
de Dios el que dél se acuerda.
Y yo conozco a quien tiene
muerto de hambre esta modestia.

Nise   No es muy necio el extranjero.

Flora   Más que su voz dice muestra
su traje y su estilo.

Malandrín   Ya
querrán ustedes que sea
algún príncipe encubierto
que viene de lejas tierras,
enamorado de alguna
de ustedes; pues evidencia
tengo de que es hombre ruin,
de vil y baja ralea.

Nise y Flora   Y ¿qué es?

Malandrín   Que le viene bien
el vestido que le presta
un hombre de mi pretina,
y no hay mayor experiencia
de pobretón que ver que
vestido de otro le venga.
Sea chico o grande su talle,

dél se ajusta de manera
que con los gordos engorde,
con los flacos enflaquezca,
con los enanos enane
y con los crecidos crezca.

Rey   Yo con este azar, Aminta,
dejar la caza quisiera;
si bien me embaraza Irene
a hacer de este monte ausencia.

Aminta   ¿Por qué?

Rey   Porque, viendo ya
frustrada la diligencia
del cuidado que la asiste
y pública la sospecha
del hado que la amenaza,
no es bien que libre ni presa
quede, y más cuando segunda
vez en la torre se encierra,
a no casar en mi estado
determinada y resuelta.
Dime tú, ¿qué haré?

Aminta   Señor,
no en un instante se aciertan
motivos que traen consigo
tantas razones opuestas.
Y, pues que dar tiempo al tiempo
fue siempre la acción más cuerda,
para darle, me parece
(Aparte.)   (¡Oh Amor, mi discurso alienta!)
que estará mejor conmigo,

puesto que, con mi asistencia
tenerla a la vista es
ni librarla ni prenderla.

Rey

Dices bien; y porque al fin
favor mío no parezca,
disponlo a tu gusto tú;
que, para que mejor puedas,
yo me adelanto a la quinta.

(A Lidoro.)

Y tú, marinero, piensa
en qué el servicio de hoy
podrá tener recompensa.

Lidoro

Yo gozaré de esa dicha
cuando otra ocasión se ofrezca.

Rey

Pues yo te ofrezco la gracia
que me pidieres.

(Vase. A Aminta.)

Nise

¿Qué intentas
llevando contigo a Irene?

Aminta

Nise, asegurarme de ella;
pues dicen que hacen los celos
menos mal desde más cerca.

Malandrín

Habéis de venir conmigo;
que buscar a mi amo es fuerza.

Lidoro

Claro está; pero un instante
esperad.

Malandrín   ¿Qué hay que os detenga?

Lidoro   Sucesos de mi fortuna.
(Aparte.)   (Y es verdad, que, si no fueran
                   ellos tales, no llegara
                   con tanto temor a verla.)

Flora   ¿Y has de llegar a la torre?

Aminta   No; que temo que parezca
                   poca autoridad o mucho
                   deseo. Y así quisiera
                   que alguno de parte mía
                   la llamara.

Nise   No hay quien pueda
                   ir; que con el rey, señora,
                   todos o los más se ausentan,
                   creyendo que tú le sigues,
                   y aquí solamente quedan
                   el marinero y criado
                   de Dante.

Aminta   Nadie pudiera
                   Más al propósito mío.
                   ¿Traes, Flora, contigo aquellas
                   joyas que te dije?

Flora   Sí.

Aminta   Pues con una diligencia
                   dos cosas haré, que son
                   que el uno vaya por ella
                   y poder hablar al otro.

¡Hola!

| Lidoro y Malandrín | ¿A quién llama tu alteza? |

(A Lidoro.)

Aminta A vos. Llegad a esa torre,
y decid a una belleza
infeliz, que en ella vive,
que a la margen lisonjera
de aqueste arroyo la aguardo,
que con vos a verme venga.

Lidoro (Aparte.) A servirte iré. (¡No vi
más soberana belleza!)

(Vase.)

Malandrín ¡Cuerpo de Apolo! Pues ¿no
estaba yo aquí, que fuera
tan presto como él? ¿A mí
tal desaire? Bien se echa
de ver que no está mi dueño
en tu gracia.

Aminta Porque veas
que antes ha sido favor,
dale a Malandrín aquesas
joyas, Flora.

Malandrín ¡Plegue a Dios
que vivas cuatro mil dueñas,
unas sobre otras, y luego
te den la supervivencia

64

de otros cuatrocientos mil
cuñados, suegros y suegras!
Si bien para mí excusada
estaba aquesta fineza,
porque, con eso y sin eso,
dijera lo que supiera
de mi amo, desde el día
que vino.

Aminta   Ya no desea
mi cuidado saber más
de lo que sé.

Malandrín   Pues ¿qué intentas?

Aminta   Que le digas que una dama,
viendo que pobre se ausenta,
tan en desgracia del rey,
sin puesto, estado ni hacienda,
este pequeño socorro
ahora le envía; y que crea
que, dondequiera que él fuere,
tendrá su correspondencia.

Malandrín   Luego ¿no son para mí?

Nise   ¿Para ti habían de ser, bestia?

Malandrín   Pues ¿para quién son las dichas,
sino solo para ellas?

Aminta   Búscale presto, y adiós;
que no quiero, ya que llega
el marinero a la torre,

	que con él Irene venga
	y te halle aquí.
Malandrín	Yo iré, pero
	a mi pesar, con tal nueva.
Aminta	¿Por qué?
Malandrín	Porque no merece
	un ingrato estas finezas.
Aminta	¿Ahora sabes que es lograrlas
	razón de no merecerlas?
(A sus damas.)	Venid conmigo las dos;
	hagamos tiempo por esta
	verde estancia.

(Vanse. Sale Lidoro.)

Lidoro	¡Ah de la torre!

(Dentro.)

Clori	¿Quién es quien llama a esta puerta?

(Salen Clori y Laura, y detrás Irene.)

Lidoro	Decidle a una deidad que
	vive aquí que hay quien desea
	de parte de Aminta hablarla.

Irene	¿A mí?

Lidoro	A vos, si sois aquélla

(Aparte.)	que aquí... (Mas ¿qué es lo que miro?)
Irene (Aparte.)	(¡Cielos! ¿Qué ilusión es ésta?)
Lidoro (Aparte.)	(¿Si es fantasía del deseo?)
Irene (Aparte.)	(¿Si es delirio de la idea?)
Lidoro	...infeliz vive.
Irene	Yo soy; que, si infeliz traéis por señas, mal podré yo desmentirlas; si bien más duda a ser llega traer vos recado de Aminta que no el enviaros ella.
Clori	¿De qué turbada has quedado?
Laura	¿De qué has quedado suspensa?
Irene	No sé...de oír de Aminta el nombre, y ver que de mí se acuerda; y así otra vez y otras mil es bien que a informarme vuelva.
(Aparte.)	(Mejor a desengañarme diré.) Pues ¿qué es lo que intenta?
Lidoro	Que vais a hablarla, que al margen de aquese arroyo os espera. Y no os admiréis de que yo con el aviso venga, puesto —¡ay de mí!— que no es novedad tan grande ésta

	que no haya la fortuna,
	señora, podido hacerla.

Irene
No lo dudo; pero extraño
que la dicha me suceda
de que vos me dais aviso.

Lidoro
       Pues no lo extrañéis, si es ésa
la causa; porque no es dicha
el venir yo que no tenga
de desdicha mucha parte.

Irene
¿Cómo?

Lidoro
Como a esa ribera
derrotado me echó el mar,
solo para que merezca
serviros a vos y a Aminta.

(Aparte a Irene.)

       Y si es que tengo licencia,
hablaré más claro.

Irene
    No;
que no hay nadie que no sea
guarda mía.

Lidoro
    Pues dejemos
esta plática suspensa
para mejor ocasión.

Irene
El dejarla será fuerza,
y más al ver que llegamos

ya de Aminta a la presencia.

(Salen Aminta, Nise, y Flora.)

Aminta   Dame los brazos, Irene.

Irene   Admirada, Aminta bella,
de que te acuerdes de mí,
he extrañado de manera
el favor, que aún hasta ahora
estoy dudosa y suspensa
sobre si le debo dar
crédito a lo que me cuenta.

Aminta   Yo, Irene, siempre he estimado
tu persona, y si pudiera
decirte cuánto me tiene
lastimada tus tragedias,
te admiraras; pues sin duda
es mucho lo que me cuestan
de cuidado tus desdichas
y de envidia tu belleza.
Mas nunca tuve ocasión
de mostrarlo; y porque veas,
hoy que puedo, cuánto siento
de tu prisión la extrañeza,
quiero que a vivir, Irene,
conmigo a la corte vengas;
que, aunque mi hermano no dé
para esta piedad licencia,
yo la he de tomar.

Irene   Tu mano
beso humilde, pero deja,

<pre>
                              si por mi bien solicitas
                              esta mudanza, que muera
                              en aquestas soledades
                              antes que en la corte sea
                              objeto de los agüeros
                              del rey, y darme pretenda
                              estado a que no me inclino;
                              y más si es que, atento a aquella
                              primera palabra suya,
                              de ganarme el que le pierda,
                              más desenojado vuelve
                              a que Dante...

Aminta   Espera, espera;
                              que yo te doy la palabra,
                              cuando en eso a hablarte vuelva,
                              de ser la primera yo
                              que esto estorbe y que esto sienta.

Irene   Será la merced mayor
                              que hacerme en tu vida puedas;
                              pues de solo ver que es él
                              quien está al paso, quisiera
                              que me dieras de volverme
                              a aquella prisión licencia.
</pre>

(Sale Dante a la puerta, y viéndola, se detiene.)

<pre>
Aminta (Aparte.)   (Él es el que al paso está.
                              El alma al mirarle tiembla.
                              Si es su homicida, ¿qué mucho
                              que sangre la herida vierta?)
</pre>

(Danse las manos Aminta e Irene.)

70

Eso no; conmigo ven,
y de sus enojos piensa
que vas conmigo segura.

(A Nise.)

A la gente que me espera
manda llegar las carrozas
a la falda de la cuesta.

(Vase Nise. Hablan aparte Irene y Lidoro.)

Irene

Lidoro, a la corte voy;
no de la vista me pierdas.

Lidoro

Claro está que he de seguirte,
pues sigo en ti de mi estrella
el nuevo rumbo.

Dante (Aparte.)

(¿Quién vio,
en unida competencia,
darse las manos jamás
a su próspera y su adversa
fortuna, y que a un mismo tiempo
hoy en maridaje prenda
la ingratitud y el amor?)

(Quiere acompañarlas Dante.)

Aminta

¡Dante!

Dante

¿Qué manda tu alteza?

Aminta

Que os quedéis.

Dante

Ya sé, señora,

que no es justo que se atreva
quien de su destierro tiene
intimada la sentencia
a ver a persona real;
mas como al destierro atiendas,
es de la corte y, ya ausente
el rey, no es la corte ésta.

Aminta   Es verdad; mas no es por eso
mandaros que hagáis ausencia.

Dante   Pues ¿por qué?

Aminta   Porque va Irene
conmigo, y pretendo hacerla
este primero agasajo
de que ni os hable ni os vea.
Y así, yendo ella conmigo,
no es bien que vais vos con ella.

Dante   ¡Qué bien dicen que el contagio,
y no la salud, se pega!

Aminta   ¿Cómo?

Dante   Como Irene pudo
pegarte a ti su extrañeza
y tú no a ella tu agrado.

Irene   Ni todo el cielo pudiera;
pues no podrá todo el cielo
hacer que no os aborrezca.

Dante   Ni hacer que te olvide yo.

(Vanse Aminta, Irene, Clori, y Flora. Salen Diana y Venus, en el aire.)

Diana   Ya de nuestra competencia
                          está a la vista el examen.

Venus   Pues la primera experiencia,
                          siendo en los montes, sea mía.

Vanse Diana y Venus.

Dante (Aparte.)   (¿Quién vio acciones tan opuestas
                          y que ni amar ni olvidar
                          un hombre a su gusto pueda?
                          Pues se ha de olvidar y amar
                          solo al gusto de su estrella.)

Lidoro (Aparte.)   (¡Válgame Dios! ¡Qué de cosas
                          en un instante me cercan!
                          Y sobre todo, con ser
                          tantas hoy y tan diversas,
                          ninguna se hace —¡ay de mí!—
                          más lugar en mí que aquella
                          heredada y adquirida
                          saña que mi pecho engendra
                          contra Dante; pues él siempre
                          es y ha sido en paz y en guerra
                          el móvil de mis desdichas.
                          Pues ¿qué aguarda, pues qué espera
                          mi furor, cuando tan solo
                          ha quedado en la aspereza
                          de este monte? Empiece, pues,
                          mi venganza, sin que sea
                          infamia sobre seguro

matarle; que no es bajeza
en quien no viene a reñir,
sino a matar, que lo emprenda
como pudiere.

(Va a darle a Dante, pero sale Malandrín.)

Malandrín   ¿Es, señor,
                   hora de hallarte?

Lidoro (Aparte.)   (Suspensa,
                   no sin nuevo asombro, el alma,
                   atrás mis intentos vuelva.)

Dante   ¿Era hora de parecer
                   tú?

Malandrín   Pues yo ¿por todas estas
                   montañas he hecho otra cosa
                   que buscarte? Y de eso sea
                   buen testigo el camarada
                   a quien tú sacaste a tierra,
                   pues a no mal tiempo el cielo
                   aquí le ha traído. Llega,
                   por tu vida; di a mi amo
                   cuánto ha que andamos por esta
                   soledad en busca suya.

Lidoro (Aparte.)   (Ya es otra confusión ésta.)
                   ¿Dante es vuestro dueño?

Malandrín   Sí.
                   Pues ¿qué maravilla es ésa?

Lidoro	¿Y es él quien me dio la vida?
Malandrín	Claro está.

Lidoro (Aparte.)

(Desdicha fiera,
¿adónde has de ir a parar,
si a cada paso te aumentas?)
El y yo os hemos buscado,
señor, y así no os parezca
culpa en él, ni en mí omisión
llegar a las plantas vuestras
tan tarde quien de su vida
viene a conocer la deuda.

Dante

Alzad, y creed que a mí
me doy yo la enhorabuena
de vuestra salud, según
llegó a lastimarme el verla
tan postrada que me hubiese
menester; porque no hay prueba
de un infeliz como ver
que de otro a valerse venga.
Y ya que en tierra y en mar
corremos los dos tormenta
tan a un mismo tiempo, ved
si la semejanza nuestra,
condiscípulos del hado,
algún cariño os engendra
para seguir mi fortuna;
que no quiero que se entienda
que mis puertas cierro a quien
el cielo arrojó a mis puertas.

Lidoro

El os guarde por tan grandes

(Aparte.)	mercedes y honras. (¡Que quieran
	los dioses que beneficios
	a mi enemigo agradezca!)
	Pero para no admitirlas
	os pido, señor, licencia,
	que yo he de seguir la corte;
	porque quizá tengo en ella
	pretensión que a vos... Mas nada
(Aparte.)	os digo. (Calle la lengua
	hasta que hable el corazón
	con la voz de la experiencia.)
	Quedad con Dios.

Dante	El os guarde.
(Vase Lidoro.)	¿Has visto igual extrañeza
	de palabras y de acciones?
	Apenas formó su lengua
	razón con razón.

| Malandrín | Pues agua |
| | había bebido. Aquí espera. |

| Dante | ¿Dónde vas? |

| Malandrín | Tras él. |

| Dante | ¿A qué? |

Malandrín	A que el vestido me vuelva
	quien de desagradecido
	ha dado la primer muestra.

| Dante | Déjale y vente conmigo |
| | a disponer cómo pueda |

salir de la corte, cuando
sin puesto, estado ni hacienda
de un instante a otro me veo.

Malandrín   Pues, di, señor, ¿qué me dieras
por todas aquestas joyas?

Dante   Pues ¿quién...?

Malandrín   ¿Quién quieres que sea?
Aminta.

Dante   No me lo digas;
Deten, Malandrín, la lengua;
que es cargarla de razón
contra mí. Mas muestra, muestra;
que no vienen a mal tiempo,
si yo pudiese con ellas,
sin que sepa que yo soy
el dueño de la fineza,
socorrer a Irene; que,
fuera de su patria, es fuerza
no tener, yendo a la corte,
con que lucirse.

Malandrín   ¿Eso piensas
ahora? Pues dime, ¿es bien
que una lealtad agradezcas
con un agravio, y que pagues
con un favor una ofensa?
¿No basta que, siendo tú
Dante, Irene te aborrezca,
cosa tan nueva en los «dantes»;
y que «tomante» te quiera

Aminta, cosa también
en los «tomantes» tan nueva,
para que de agradecido
y quejosa...?

Dante   Deja, deja
de argüirme; que ya sé
lo que yerra y lo que acierta
mi destino, mas no puedo
hacerle yo resistencia.
Altas deidades, que ignoro
si allá en la sagrada esfera
tiene acaso mi fortuna
superior correspondencia,
declaraos, ¿a qué fin
mis desdichas se conciertan?

(Dentro cantan dos coros de música.)

Coro I   «A fin de que venza Amor.»

Coro II   «A fin de que el desdén venza.»

Dante   ¿Qué voces son las que el viento
lisonjeramente lleva?

Malandrín   ¿Voces ahora se te antojan?

Dante   Oye, a ver si su respuesta
acaso vuelve otra vez.
¿A qué fin, deidades bellas,
en dos contrarios afectos
mi ruina el hado concierta?

Coro I	«A fin de que venza Amor.»
Coro II	«A fin de que el desdén venza.»
Dante	¿Y ahora no las oíste?
Malandrín	¿He de oír lo que tú sueñas?
Dante	Aplica bien el oído.
Malandrín	Así aplicara mi hacienda.
Dante	¿A qué fin, tercera vez vuelve a pregunta mi lengua, disponéis...?

(Dentro ruido y voces.)

Todos	¡Guarda el león!
Uno	¡Al monte!
Otro	¡Al valle!
Otro	¡A la selva!
Malandrín	Aqueste es otro cantar que oigo bien.
Dante	¿Qué voz es ésta?
Malandrín	¿Qué ha de ser? Pese a mi alma, sino que el monte atraviesa un león como un león.

Dante	Aun la desdicha no es ésa, sino que Aminta e Irene Aun no han tomado —¡qué pena!— la carroza y por el monte, bien que por contrarias sendas, desamparadas de todos, van huyendo.
Malandrín	¡A Dios pluguiera fuera mujeriego el dicho león y, yéndose tras ellas, a nosotros nos dejara!
Dante	¡Oh quién a un tiempo pudiera seguir a entrambas!
Malandrín	¡Oh quién estuviera a dos mil leguas de cualquiera de las dos!

(Dentro.)

Aminta	¿Nadie hay que me favorezca?
Dante	Aquélla es la voz de Aminta; fuerza es ir a socorrerla.

(Dentro.)

Irene	¿No hay quien ampare mi vida?
Dante	La voz de Irene es aquélla; fuerza es que a ampararla vaya.

Aminta	¡Piedad, cielos!
Dante	Pero vuelva adonde Aminta peligra;
Irene	¡Dioses, piedad!
Dante	Pero atienda adonde peligra Irene.
Malandrín	No es mala fullería ésa de dudar, en ocasión que la duda al riesgo ofrezca.
Dante	Pues ¿qué he de hacer, si me llaman a un tiempo?
Malandrín	No responderlas, sino dudar, hasta ver cuál, más que a las dos, es fuerza amparar.
Dante	¿A quién?
Malandrín	A mí, que te sirvo más que ellas.
Irene	¡Piedad, cielos!
Aminta	¡Favor, dioses!

(Dentro.)

Todos	¡Al monte, al valle, a la selva!

(Sale Aminta por una parte, en lo alto de un monte, y en la otra parte Irene.)

Aminta	¿En todas estas montañas no hay quien mi vida defienda?
Dante	Sí; que yo la mía, señora, perder sabré en tu defensa.
Irene	¿No hay quien defienda mi vida?

(Dentro.)

Todos	¡Al monte, al valle, a la selva!
Dante	Sí; que yo pondré la mía, primero que a ti te ofenda.

(Dentro.)

Todos	¡Guarda el león!
Malandrín	Malo es esto; que —¡vive Dios!— que se acerca.
Aminta	Pues ¿qué es esto, Dante? ¿A mí en el peligro me dejas?
Dante	Dices bien; tuya es mi vida.
Irene	¿Y de mí, Dante, te ausentas?
Dante	Dices bien; también es tuya,

82

y ha de estar en tu defensa.

Aminta   ¿Así a mi obligación faltas?

Dante   Más te debo a ti que a ella,
                es verdad; pierda la vida,
                pero la fama no pierda.

Irene   ¿Lo que quieres desamparas?

Dante   También es verdad aquélla;
                piérdase todo, mas no
                lo que se quiere se pierda.

Aminta   ¿De mí huyes?

Dante   No; que contigo
                me has de hallar.

Irene   ¿De mí te alejas?

Dante   No; que contigo has de verme.

Malandrín   Si a propósito se hubiera
                buscado un león que diese
                lugar a su competencia,
                ¿se hubiera en el mundo hallado
                otro de tanta paciencia?
                Mas parece que lo oyó,
                que camina con más priesa
                hacia acá.

Aminta   ¿Qué determinas?

Irene	Di, ¿qué resuelves?
Malandrín	¿Qué intentas?
Dante	Cumplir dos obligaciones, sin que amor ni desdén pueda decir que venció ninguno.
Aminta e Irene	¿Cómo?
Dante	De aquesta manera. Bruto rey de estas montañas, en mí tu saña ensangrienta; que yo hago en ti sacrificio de mi vida a dos bellezas;
(A Aminta.)	a ti, porque te la debo;
(A Irene.)	a ti, porque me la debas.

(Vase.)

Malandrín	¡Por Dios, que se va al león, como si a un lobo se fuera!
Aminta	¡Oye, espera, escucha, aguarda!
Irene	¡Aguarda, oye, escucha, espera!
Aminta	Que yo, a riesgo de tu vida, te perdono la fineza.

(Vase.)

| Irene | Yo no; que solo tu muerte será lo que te agradezca. |

(Vase.)

Malandrín   ¿No digo yo que el león
es león hechizo? Apenas
se puso mi amo delante
cuando, tomando la vuelta,
a él le deja, y hacia mí
se viene.

(Sale un león.)   Usted se detenga,
señor león; uñas tiene
la dificultad, que empieza
a argüir conmigo, y la arguye
muy bien, aunque es una bestia.
¿Así a tu mejor cofrade,
Baco, en el peligro dejas?

(Vuélvese a entrar el león.)

Apenas le invoqué cuando,
aunque brumado, me deja.
Yo iré luego a darle gracias.

(Aparecen en el aire Venus y Diana.)

Venus   Nada dijo mi experiencia,
Diana, pues quedan iguales
amor y desdén en ella.
Veamos qué dirá la tuya.

Diana   Pues atiende; que he de hacerla,
si tú en tierra, yo en el aire.

Venus   ¿Cómo?

Diana   De aquesta manera.

(Suena un terremoto, y desaparecen Venus y Diana.)

Malandrín   ¡Esto solo me faltaba,
                         que ahora un terremoto venga!
                         El demonio me metió
                         en andar por estas selvas.

(Vase. Salen el Rey y Aurelio.)

Rey   ¿Qué nueva lid de elementos
                         confunde los horizontes
                         y, estremeciendo los montes,
                         va desatando los vientos?

Aurelio   De un instante a otro se mueve
                         tan violenta que el mar sube
                         a inquirir si es onda o nube
                         la que brama o la que llueve.

Rey   Con mil pálidos desmayos,
                         de asombros los aires llenos,
                         nos están diciendo a truenos
                         que presto vendrán los rayos.

Aurelio   Dicha fue que de la quinta
                         estemos tan cerca ya.

Rey   Y fuerza también será,
                         pues he de esperar a Aminta,
                         el pasar la noche en ella.

Aurelio	Dices bien; pues no imagino
	que dé señas del camino
	la menos brillante estrella,
	según pálida la Luna,
	que entre sombras se oscurece,
	de algún eclipse parece
	que está corriendo fortuna.
Rey	Qué arguya de esto no sé;
	y ¿sabes lo que he pensado
	de estas cóleras? Que el hado
	que influjo de Irene fue
	se ofende de que yo quiera
	sacarla de la prisión;
	y estas las premisas son
	de la ruina que me espera.
Aurelio	No estos excesos, que son
	causa de naturaleza,
	hagan con tanta tristeza
	caso en tu imaginación.
Rey	No siempre lo que adivina
	humana ciencia es verdad,
	y no siempre una deidad
	lo infalible vaticina.
Aurelio	Tú has hecho bien en sacalla
	de la prisión, pues así
	más lugar das; y si a mí,
	ya que en esto no se halla
	la majestad ofendida,
	me haces de su vida dueño,
	yo quiero oponerme al ceño

que ha amenazado su vida.

Rey   Yo, Aurelio, no he de forzar
las leyes de un albedrío,
porque ese empeño no es mío.
Lo más que te puedo dar
es la esperanza de que
solicite que sea tuya,
antes que Dante me arguya,
con que de mí le aparté
ofendido, que un amor
valga más que una privanza.

Aurelio   ¡Vuelva a vivir mi esperanza
otra vez!

(Dentro.)

Uno   ¡Para!

(Salen Aminta, Irene y todos los demás.)

Aminta   ¡Señor!

Rey   Seas, Aminta, bien venida.
Con cuidado me ha tenido
la tempestad.

Aminta   Aun no ha sido
ése el riesgo de mi vida;
que otro me dio que sentir
más, pues...

Rey   Aguarda. ¿Quién viene,

Aminta, contigo?

Aminta   Irene.

Rey   ¿Cómo, sin que yo a decir
llegara que la trajeses?

Aminta   Como fío de tu amor
que perdonarme, señor,
mi atrevimiento pudieses.
De su tristeza movida,
de su hermosura obligada,
de su...

Rey   No me digas nada.
Pero ya que de su vida
hacerte cargo has querido,
considera, Aminta bella,
que me has de dar cuenta de ella.

(A Irene.)   Y tú mira cuál ha sido
de tu presagio el rigor,
y no me culpes a mí,
pues cuando a tu prisión vi
romper el margen, de horror
vestida la soberana
antorcha de Diana está.
¡Mira Venus lo que hará,
si aun lo ha sentido Diana!

(Vase.)

Irene   Ya veo que el infelice
la culpa de todo tiene,
aunque no la tenga.

Aminta	Irene,
	no, pues tu aflicción lo dice,
	llores siempre; que el llorar
	son armas de la belleza.

Irene	Si llorara la terneza,
	me pudieras consolar;
	mas cuando llora la ira,
	está de más el consuelo;
	que, aunque airado todo el cielo
	contra mi suerte se mira,
	no aquestas lágrimas son
	causadas de sus enojos,
	sino rayos que los ojos
	arrancan del corazón.

Aminta	Ya por lo menos vencida
	la primer dificultad,
	será paso a la piedad.

Irene	Tarde la espera mi vida,
	y si la verdad te digo,
	lo más que me aflige es...

Aminta	¿Qué?

Irene	Que, en aquel riesgo en que fue
	cómplice el monte y testigo,
	no me arrojase a morir
	antes que a Dante llamase
	a que mi vida guardase.
	¿Yo a Dante pude pedir
	amparo? ¿Yo a Dante que

a socorrerme viniera?
¿Yo que me favoreciera?

Aminta   Contrario mi afecto fue;
que, si en mi mano estuviera,
de mi parte le pagara
aquella fineza rara.

(Aparte.)   (¡Oh si algún color hubiera
de pedir al rey que atento...!
Mas no sé cómo prosiga.)

Irene   Por mucho que tu voz diga,
más dice tu sentimiento.

(Sale Lidoro.)

Lidoro   Hermosísima deidad
de Chipre, aunque nunca fue
el repetir beneficios
de constante pecho, bien
tal vez se puede suplir
esta culpa, si tal vez
no es para darlos en cara
y para lograrlas es.
Y así, con este pretexto,
me atrevo a echar a tus pies,
pidíendote, hermosa Aminta,
que intercedas con el rey,
que de la palabra suya
me cumpla aquella merced
que me ofreció en la primera
gracia que le pedí.

Aminta   ¿Qué es?

Lidoro	Una libertad, señora.
Irene (Aparte.)	(¿Qué es esto que llegué a ver? ¿Lidoro viene a pedir, con razones que no sé, al rey una libertad? La mía debe de ser.)
Lidoro	Y tú aquesta pretensión hoy has de favorecer por quien eres, no por mí.
Aminta	Yo lo haré. Prosigue, pues. ¿Qué he de pedirle?
Lidoro	El perdón es del destierro...
Aminta	¿De quién?
Lidoro	De Dante.
Aminta	¿De Dante?
Lidoro	Sí.
Irene (Aparte.)	(¡Oh aleve, fiero y crüel! ¿El perdón de tu enemigo solicitas tú?)
Aminta (Aparte.)	(Eso es pretender que yo te deba la vida segunda vez.)

                              Esperad aquí; que yo
                              vuestra pretensión diré
                              a mi hermano, y plegue al cielo
                              que la despache tan bien
(Aparte.)   como deseo. (¡Ay, amor,
                              solo tú pudiste hacer
                              que con tan buena ocasión
                              pueda yo pedir por él.)

(Vase.)

Irene   Cobarde, loco, atrevido,
                              infiel a tu patria, infiel
                              a tu sangre y a tu honor,
                              a tu fama y a tu ley,
                              ¿qué es lo que puede obligarte
                              a ser tan traidor, a ser
                              tan vil que de tu enemigo
                              procedas amigo fiel?
                              Cuando pensé que venías
                              en el disfraz que te ves
                              solo a darle muerte y darme
                              a mí libertad, ¿te ven
                              mis ojos con tan trocados
                              afectos que venga a ser
                              su libertad la que pides
                              y a mí la muerte me des?
                              Pero si fue quien te puso
                              en fuga aquel día cruel,
                              tan infausto para mí
                              y tan fausto para él,
                              ¿qué mucho —¡ay de mí!—, qué mucho
                              que el temor te dure y que
                              le pagues ahora aquella

puente de plata?

Lidoro   Detén
la voz, Irene; que ignoras
muchas cosas, y no es
justo que a cerrados ojos
quieras penetrar y ver
lo íntimo de un corazón,
sin desplegarle el doblez.
Y respondiendo al primero
baldón, ¿quién ignora, quién,
que no en manos del valor
vinculado está el vencer?
Que es muy dama la fortuna,
y ha de suplirse el desdén.
Vencióme, pero no huyendo,
y quizá el no morir fue
porque igual pesar no quiso
que tuviera igual placer.
A librarte disfrazado
vine y a matarle a él,
con una industria que el tiempo
quizá te dirá después.
A vista del puerto —¡ay triste!—
fortuna corrió el bajel,
dando entre aquesos peñascos,
cascado el pino, al través.
La vida le debí a Dante,
pues Dante en la playa fue
quien me acogió y albergó,
y pagarle ahora es bien
un beneficio con otro
por ponerme en paz con él,
para que al primer rencor

94

airoso pueda volver
y darle la muerte.

Irene   Aguarda;
que ahora me resta saber
qué introducción con Aminta
tienes hoy, para poder
por medio suyo pedir
aquese perdón al rey?

Lidoro   Haberla dado la vida.

Irene   ¿Tú fuiste...?

Lidoro   Sí; aunque no sé
si se la di o la perdí;
porque en llegándola a ver...
Pero esto ahora no es del caso.

Irene   Oye, oye, que sí es.

Lidoro   ¿Cómo así?

Irene   Como hidra nuestra
fortuna debe de ser,
que de una cerviz cortada
nacen dos.

Lidoro   ¿Por qué?

Irene   Porqué,
cuando haces una hidalguía,
Lidoro, a tu parecer,
haces dos ruindades.

Lidoro	¿Cómo?
Irene	Como a ninguna está bien que a vista mía y de Aminta vuelva un alevoso a quien...
Lidoro	Prosigue.
Irene	...yo quiero mal y Aminta...
Lidoro	Di.
Irene	...quiere bien.

(Vase.)

Lidoro	Antes de nacer, amor, ya eres infeliz. Mas ¿qué me admiro, si todo tiene su estrella antes de nacer? ¡Oh nunca —ay de mí— llegara, piadosamente cruel, a tomar tierra en los brazos de Dante, a tomar después cielo en los brazos de Aminta, pues solo ha venido a ser el vivir para morir y para cegar el ver!

(Sale Aminta.)

Aminta	Dame, marinero, albricias.

96

Lidoro	¿De qué, señora?
Aminta	De que el rey la gracia te ha hecho para que pueda volver Dante a palacio.
Lidoro (Aparte.)	(Desgracia hubieras dicho más bien.)
Aminta	Yo encarecí de mi parte, cuanto pude encarecer, tu pretensión como mía.
Lidoro	Ya yo, señora, lo sé, pues me lo dice el efecto tan claro.
Aminta	Búscale, pues, y dile de parte mía que venga al punto...
Lidoro	Sí haré.
Aminta	... a ti y a mí agradecido, a besar la mano al rey. Mas no le digas que a mí, pues basta que a ti lo esté; que yo por ti y por mí solo lo hice, pero no por él.

(Vase.)

Lidoro	¿Quién creerá que me haga mi tristeza hoy del agravio cargo de fineza, y que, cuando de amor rendido muero, de mi enemigo venga a ser tercero? Pero ¿qué temo, si enemigo digo? Pues todo cesa, siendo mi enemigo, supuesto que, en habiendo ya pagado el favor que le doy al que me ha dado, con él en paz en esta parte quedo, con que volver a mis rencores puedo. ¿Quién, cielos, para darle el aviso, supiera dónde hallarle, pues ha de resultar dar de una suerte esta mano el favor y ésta la muerte.

(Salen Dante y Malandrín.)

Dante	Esto ha de ser y, pues la noche oscura, vestida del color de mi ventura, tan triste, tan medrosa, tan lóbrega, confusa y temerosa baja que solamente la luz de los relámpagos consiente, bien puedo a sombra de ella, aunque estrella no hay, seguir mi estrella. Y así, mezclando el ánimo y el iedo, de aquesta quinta en el umbral me quedo, mientras tú entras a ver qué cuarto tiene en los acasos de esta noche Irene, por si yo puedo vella y despedirme con la vista de ella.
Malandrín	¡Oh tú que criado fuiste a ser criado, Dios te libre de un amo enamorado!

Yo entraré, pues tu amor a eso me obliga;
pero mal haya yo, si se lo diga,
aunque la vea patente.
De aquella breve antorcha que arde enfrente
entrar puedo guiado,
tan alumbrado como deslumbrado.
Mas por cumplir con él, a aquéste quiero

(Aparte.)   preguntar. (¡Vive el Sol, que el marinero
es! Mejor que mejor.) Oídme, os ruego,
ya que a tiempo de veros aquí llego,
¿qué cuarto es el de Irene?

Lidoro   No sé, aunque a tiempo vuestra duda viene,
que con otra pagárosla prevengo.
¿Dónde está vuestro amo, porque tengo
que darle aviso de una
dicha?

Malandrín   No será poco en su fortuna;
y, aunque tema enojarle, si lo digo,
lo he de decir, que en fin vos sois su amigo.
Aquél es.

(Va Lidoro hacia Dante.)

Lidoro (Aparte.)   (¡Qué mal finge mi cuidado!)
Aunque el embozo os tenga recatado,
perdonad; que una nueva
de gusto da licencia a quien la lleva

(Aparte.)   para entrarse (¡oh qué mal de fingir trato!)
sin llamar por las puertas de un recato.
Sabed que el perdón vuestro le he pedido
al rey, que me le ha dado, habiendo sido
de esta merced Aminta la tercera.

Adiós; que el rey os llama, y ella espera.

Dante	¡Oíd, escuchad!

Lidoro	No puedo.

Dante	Ved que ofendido y obligado quedo.

Lidoro	Pues hacedme merced, solo esto os pido,

de no estarme obligado ni ofendido,
sabiendo, por si importa en algún día,
que os pagué el beneficio que os debía.

(Vase.)

Dante	¿Has visto extremo igual? Siempre asustado,

siempre confuso, siempre embelesado
este hombre está.

Malandrín	Yo pienso que sería

que aquel susto incapaz le dejaría,
como suele el perdón al casi ahorcado.

Dante	No es la hidalguía que conmigo ha usado

de hombre incapaz.

Malandrín	Luego ¿haslo tú creído?

Dante	Yo sí.

Malandrín	Yo no; y si ha sido

engañosa quimera,
vamos tras él.

Dante	En confusión tan fiera no sé lo que te diga; mucho a pensar y discurrir me obliga.
Malandrín	Pues ¿qué has de hacer?
Dante	No sé. Deidades bellas, que el uso gobernáis de las estrellas, ¿qué queréis de una vida que, de tantos contrarios combatida, toda es delirios, toda es ilusiones, toda fantasma, toda confusiones?

(Suenan truenos y terremoto.)

	Mas ¡cielos! ¿qué ruido es éste?
Malandrín	¿Qué ha de ser? ¡Pese a mi alma, que el cielo se viene abajo!
Dante	¡Gran terremoto!
Malandrín	Ya escampa.

(Dentro.)

Unos	¡Fuego, fuego!
Otros	¡Agua, agua!
Malandrín	¡Vino para el susto!
Dante	Espera, aguarda;

que de tantos rayos uno
en esa torre más alta
ha dado, y entre humo y polvo
de su fábrica gallarda
la trabazón viene al suelo,
con dos acciones tan varias
que, al tiempo que cae con ruinas,
en volcanes se levanta,
siendo de un instante a otro
pirámide el que fue alcázar.

(Dentro Irene y Aminta.)

Irene   ¡Que me abraso!

Aminta   ¡Que me ahogo!

Malandrín   Si se ahogan y se abrasan,
mas que se abrasen y ahoguen.

(Suena la tempestad.)

Dante   Irene y Aminta llaman
tan a un tiempo que no dejan
ni aun aquella duda al alma
de elegir. Pero ¿qué tiene
que dudar por dónde vaya
quien, con ir por donde pueda,
habrá cumplido con ambas?

(Vase. Sale el Rey, y Aurelio como deteniéndole.)

Aurelio   Lo primero es, gran señor,
guardar tu vida.

Rey   ¿Si llama
                    Aminta, y está en el riesgo?

Aurelio   Yo basto solo a librarla;
                    no me estorbes. Mas ¿qué veo?
                    A pesar de tantas llamas,
                    un hombre al cuarto de Aminta
                    entra despechado.

(Dentro.)

Dante   ¡Caigan
                    sobre mí montes de fuego,
                    que todos ellos no bastan
                    a que no saque, a pesar
                    de la ruina y de la llama,
                    en mis brazos mi fortuna.

(Sale Dante con Irene y Aminta en brazos.)

Rey   Hombre, ¿quién es a quien sacas?

Dante   A Irene, señor, y a Aminta;
                    que entre las dos, cosa es clara,
                    que no sacara a ninguna,
                    si no las sacara a entrambas.
                    Desmayadas las hallé,
                    racionales salamandras
                    de aquel fuego, y a despecho
                    suyo, he podido librarlas.

Rey   ¡Dante!

Dante	¿Gran señor?

Rey	Los brazos
	me da.

Dante	Y dame a mí las plantas;
	que, viniendo perdonado
	de ti...

Rey	No prosigas; basta
	que sepa que solo tú
	hicieras acción tan alta.
	Ya libres las dos, a menos
	riesgo, mientras que restauran
	los alientos, acudamos
	al riesgo todos.

(Vase.)

Aurelio (Aparte.)	(¡Contraria
	Fortuna, ¿siempre ha de ser
	mi competidor quien haga
	lo mejor?)

(Vase.)

Malandrín	¿No me dirás,
	señor, mientras que descansas,
	las músicas que se hicieron?

Dante	Como de lejos cantaban,
	porque sonasen mejor,
	huyeron, porque a su cuadra
	no llegó el fuego.

Malandrín	Me alegro
	de saberlo, y que no haya
	curioso que lo pregunte.
	Pero yo te doy palabra,
	si fuere algún día poeta,
	—ino me dé Dios tal desgracia!—
	hacer de ti una comedia,
	y tengo de intitularla
	«El leonicida de amor»
	y «El Eneas de su dama».

(Vase.)

Dante	Desmayadas hermosuras,
	no le quitéis a mi fama
	el haber dado dos vidas.
	Volved a cobrar el alma.
	¡Aminta! ¡Irene! ¡Señoras!

(Vuelven en sí Aminta e Irene.)

Aminta	¡Ay de mí!
Irene	¡El cielo me valga!
Aminta	¿Dónde estoy?
Irene	¿Quién está aquí?
Dante	Estáis donde aseguradas
	vivís del pasado riesgo.
	Y está aquí quien dél os guarda.

105

Irene	Luego ¿tú eres quien me libra?

Aminta	Luego ¿tú eres quien me ampara?

Dante

Sí; que si otra vez airoso
estuve, dejando a entrambas,
hoy, a entrambas acudiendo,
lo estoy también, porque haya
en iguales experiencias
dos acciones tan contrarias
como socorrer dos vidas
del fin que las amenaza,
con dejarlas una vez
y otra vez con no dejarlas.

Irene

¡Oh nunca yo te debiera
fineza, Dante, tan rara!

Aminta

¡Oh siempre estuviera yo
debiéndote acción tan alta!

Irene

Yo lo digo porque sé
que no tengo de pagarla.

(Vase.)

Aminta

Yo, porque sé que la tengo
de pagar con vida y alma.

(Vase.)

Dante

¡Oh nunca y oh siempre yo
viva mezclando en mis ansias
de amado y aborrecido

las dos pasiones contrarias,
hasta que declare el cielo
quién mayor victoria alcanza:
quien ama a quien le aborrece
o aborrece a quien le ama!

Fin de la segunda jornada

Jornada tercera

(Salen por una parte Dante y por otra Lidoro.)

Lidoro (Aparte.)	(¡Que nunca tenga ocasión mi venganza de lograrse!)
Dante (Aparte.)	(¡Que nunca le deba darse a partido mi pasión!)
Lidoro (Aparte.)	(Mas cuando yo la tuviera, aun no sé si la lograra...)
Dante (Aparte.)	(Pero cuando me llegara, aun no sé si la admitiera...)
Lidoro (Aparte.)	(...porque, si de mi venganza se me ha de seguir mi ausencia...)
Dante (Aparte.)	(...porque, si de su violencia se alimenta mi esperanza...)
Lidoro (Aparte.)	(...¿cómo ausentarme podré sin llevar conmigo a Irene...?)
Dante (Aparte.)	(...¿cómo sin Irene tiene tan vil afecto mi fe...?)
Lidoro (Aparte.)	(...¿y cómo podré vivir ausente de Aminta bella...?)
Dante (Aparte.)	(...¿y cómo podrá mi estrella del amor de Aminta huir...?)

Lidoro (Aparte.) (...¿y más cuando ya informado
estoy que a Dante ha querido?)

Dante (Aparte.) (...¿y más cuando aborrecido
lo siento menos que amado?)

Lidoro (Aparte.) (Cuando más causa no hubiera,
por mis celos le matara.)

Dante (Aparte.) (Cuando dos causas no hallara,
con una sola muriera.)

Lidoro (Aparte.) (Amor, celos y venganza
de imposibles me mantienen.)

Dante (Aparte.) (¡En qué confusión me tienen
amor, desdén y esperanza!)
¡Celio!

Lidoro ¿Señor?

Dante A ventura
tengo el hallaros aquí.

Lidoro Siempre será para mí
la mejor y más segura
el estar a vuestros pies.

Dante Confieso que un forastero,
a quien el hado severo
a tierra arrojó, después
que echó su hacienda en el mar,
fuera de su patria y pobre,
no hay razón que no le sobre

110

para vivir con pesar.
    Pero, advirtiendo también
que a quien la vida le queda
no hay fortuna que no pueda
vencer viviendo, y más quien
    tiene las partes que vos,
siento veros afligido
siempre y siempre suspendido.
Habladme claro, por Dios,
    ¿qué habéis menester? ¿Queréis
a vuestra patria volveros?
Que embarcación y dineros
todo de mí lo tendréis.
    ¿Queréis quedaros aquí?
Pues sabed que en este día
de ese puerto la alcaidía
vacó y que me toca a mí
    su provisión, y he querido,
pues hoy en mi cargo estoy
por vos, que sepáis que os doy
premisas de agradecido.
    Si la admitís, bien con ella
lo podréis aquí pasar,
y con tiempo al tiempo dar
vado a vuestra injusta estrella.
    Advertid, si os está bien,
que ando, cierto, deseoso
de que viváis más gustoso
de lo que parece.

Lidoro   ¿Quién
                satisfaceros podrá
ese afecto, esa merced,
sino callando?

Dante	Creed que es cuidado el que me da vuestra persona. Y pasando al cargo, ¿qué respondéis?

Lidoro	Digo, señor, que me hacéis
	notables favores cuando,
	    siendo extranjero, fiáis
	de mí de la corte el puerto.
	Yo le acepto; y estad cierto
	de que servido seáis
	    en él de la atención mía.

(Aparte.)	(Bueno es darme la ocasión envuelta en la obligación.)

(Sale Malandrín.)

Malandrín	¡Señor!
Dante	¿Qué hay, loco?
Malandrín	¡Gran día!
Dante	¿Qué ha sucedido?
Malandrín	Sintiendo el rey la extraña tristeza que padece la belleza de su hermana, y pretendiendo aliviarla, ya has sabido las diligencias que ha hecho. Y, aunque no son de provecho las más de ellas, ha querido

112

que aquesos jardines bellos
sean teatros del día,
y de música y poesía
haya un gran festín en ellos.

Dante   ¿Y eso te alegra?

Malandrín   Pues ¿no?
Si los premios han de dar
las damas, ¿no he de lograr
el mejor de todos yo?

Dante   ¿Por qué?

Malandrín   Porque, aunque discretas,
nunca yerran su elección,
y sabe su discreción
que de todos los poetas
    ninguno de mejor gana
las sirve.

Dante   ¿Es memorial?

Malandrín   Ya
se ve, y más hoy, que quizá
las he menester mañana.

Dante   Calla, loco. Acudid vos
por los despachos después;
que ahora forzoso es
(Aparte.)   asistir al rey. (Si en dos
    afectos mi vida tiene
hoy lo que olvida y desea,
¿qué importa que a Aminta vea,

a precio de ver a Irene?)

Lidoro (Aparte.)   (¿Quién —iay infeliz!— creerá
de mi confusa pasión
que me quita la ocasión
cuando la ocasión me da?)

Malandrín   ¿Por qué despachos habéis
de acudir, Celio?

Lidoro   Hame hecho,
de mi lealtad satisfecho,
    del puerto alcaide.

Malandrín   Gocéis
    tan gran merced. ¡Que sea cierta
cosa que, en siendo extranjero,
ha de hallar uno portero,
y puerto, portada y puerta!
    ¡Y que, habiéndome portado
yo en mi porte bien, por cierto,
no aporte a puerta ni a puerto
que no le encuentre cerrado!

    Pero aquesto no es de aquí.
Ya el rey a la alegre vista
del jardín baja, con toda
la gala y la bizarría
de la corte.

(Dentro instrumentos.)

Lidoro   Retirado
será forzoso que asista;

114

que, aunque soy quien soy, no tengo
lugar.

Dante Deidades divinas,
acabad de declararos
por Irene o por Aminta.

(Salen la Música con instrumentos, el Rey, Aurelio, Aminta, Irene, Nise, Flora,
Laura y Clori.)

Aurelio (Aparte.) (Aquí está Dante. Perdí
la esperanza que traía
de lucir, porque me tiene
siempre ganada la dicha.)

Rey No hay cosa que no imaginen
por ti las finezas mías,
ni cosa que sienta tanto
como tu melancolía.

Aminta Ya, señor, con experiencias
siempre amantes, siempre finas,
sé que de galán y hermano
te debo entrambas caricias.

Rey ¿Es posible que no sepa
yo lo que te da alegría?

Aminta Nada, pues de mis pesares
tus cariños no me alivian.

Irene Desde que de aquella fiera
y aquel incendio en un día
padeció los sustos, no

es mucho, señor, la aflija
de ellos la memoria.

Aminta   Es
verdad, que a los dos rendida,
se apoderaron de suerte
del corazón ambas iras
que hasta ahora dudando estoy
si fue muerte o si fue vida
la que, crüel o piadoso,
me dio el que de ellos me libra.

Rey   Dante, dueño de esa acción,
lo dirá.

Dante   ¿Yo, qué hay que diga,
sino que en doblados riesgos
fueron dobladas las dichas?

Aminta   Ya sé que fueron dobladas,
pues también a Irene obligan.

Irene   Eso es querer que a mi parte
me muestre yo agradecida.

Aminta   No es, porque una dama, Irene,
públicamente servida,
como tú lo estás de Dante,
basta que el servicio admita
sin que lo agradezca.

Aurelio (Aparte.)   (¡Cielos,
muriéndome estoy de envidia!)

Lidoro (Aparte.)   (Sufra este desaire el alma,
                          pues es fuerza quien soy finja.)

(Siéntanse el Rey en medio, a su mano derecha Aminta, y a la otra Irene, Flora y Laura al izquierdo suyo, y Nise y Clori donde Aminta; Aurelio y Dante apartados, la Música al paño.)

Rey   Ponga la música paz
                          a vuestras cortesanías.

Clori   ¿Por qué tono empezaremos?

Flora   Sea el de aquella letrilla
                          que, por grave o triste, suele
                          ser de más agrado a Aminta.

Música   «¿Cuál más infelice estado
                          de amor y desdén ha sido;
                          amar, siendo aborrecido,
                          o aborrecer, siendo amado?»

Rey   La música da ocasión,
                          pues que pregunta entendida
                          para responder; y así
                          volvamos todos a oírla.

Música   «¿Cuál más infelice estado
                          de amor y desdén ha sido;
                          amar, siendo aborrecido,
                          o aborrecer, siendo amado?»

(Dentro un clarín.)

Rey   Esperad; ¿qué salva es ésta?

(Sale un Criado.)

Criado

Un bajel, que a nuestra isla
de paz llega a tomar puerto.

Rey

Pues salga quien le reciba,
y sepa de dónde viene,
qué gente y qué mercancía
trae.

Dante

Id, Celio, pues os toca
hacer de todo pesquisa.

Rey

¿Por qué a Celio?

Dante

Porque yo,
atento al favor de Aminta
más que al mío, con licencia
tuya, le di el alcaidía
del puerto y su atarazana.

Rey

Ha sido elección muy digna.

Lidoro

Beso tus pies.

Irene (Aparte.)

(¿Quién creyera
que a esto Lidoro venía?)

Aminta

Ésta es la primera acción
que os debo de agradecida.

Rey

Id, pues, y con la respuesta
volved; y en tanto repita

la letra la duda, puesto
que da ocasión a argüirla.

(Vanse Lidoro y el Criado.)

Música   «¿Cuál más infeliz estado
de amor y desdén ha sido,
amar siendo aborrecido,
o aborrecer siendo amado?»

Rey   Diga la primera Irene.

Irene   Aunque excusarme podía
de cuestiones amorosas
mi inclinación, más bien vista
que del ocio de la paz
del furor de la milicia,
con todo eso la cuestión
tanto se me facilita
que me atrevo a entrar en ella;
y digo que es la desdicha
mayor, el más infeliz
estado en su monarquía
aborrecer siendo amado.

Rey   ¿Y tú qué dices, Aminta?

Aminta   Yo no sé de amor tampoco;
pero, a saberlo, diría
que amar siendo aborrecido
es la mayor tiranía
de sus imperios.

Rey   ¿Tú, Flora?

Flora	La opinión de Irene tira mi afecto al aborrecer.
Rey	¿Nise?
Nise	Al ser aborrecido.
Rey	¿Tú, Laura?
Laura	Yo sigo a Irene.
Rey	¿Tú, Clori?
Clori	Yo sigo a Aminta.
Malandrín (Aparte.)	(¡Gran cosa es ser rey de Chipre! ¡Con qué llaneza platica las cosas de amor y celos, casero con su familia!)
Rey	¿Y tú, Aurelio, qué eligieras?
Aurelio	Siendo forzoso que elija, amar siendo aborrecido, dijo su alteza, y sería, sabiendo yo su opinión, poca atención no seguirla.
Rey	¿Y tú, Dante?
Dante	En el ingenio nunca la atención peligra; y así, con aquesta salva,

no importa que la otra siga;
aborrecer siendo amado,
no hay cosa que tanto aflija.

Malandrín

Pues a hombres de placer
ningún lugar se les priva,
esperad, que mi humor falta
decir a lo que se inclina.
Aborrecer siendo amado
es una ruindad indigna;
amar siendo aborrecido,
grandísima bobería.
Y así es mi opinión, guardando
a toda dama justicia,
que se aborrezca y se ame,
tratándolas cada día,
a la fea como a fea,
y a la linda como a linda.

Aurelio

¡Quita, loco!

Dante

¡Aparta, necio!

Rey

Para la cuestión repitan
la copla toda, y estén
los coros siempre a la mira,
para que a las opiniones
las glosas a un tiempo sigan.

Música

«¿Cuál más infeliz estado
de amor y desdén ha sido,
amar siendo aborrecido,
o aborrecer siendo amado?»

Irene	Entre amar y aborrecer
	no hay comparado ejemplar,
	pues trae dentro de su ser,
	quien aborrece, al pesar;
	pero quien ama, al placer;
	luego, si el que ama está hallado,
	y el que aborrece penado,
	bien de ambos, no solo infiero
	cuál sea el estado, pero
	cuál más infeliz estado.
Música	«Desdichado
	del que aborrece, si infiero,
	no solo a otro comparado,
	cuál sea el estado, pero
	cuál más infeliz estado.»
Aminta	Quien, siendo amado, aborrece
	ya el ser amado le aplace;
	mas quien ama y no merece
	de amor la persona es que hace,
	del desdén la que padece;
	luego, si aquél ha tenido
	un mal, el aborrecido
	dos, pues sin despique siente,
	y maltratado igualmente
	de amor y desdén ha sido.
Música	«¡Ay del perdido
	que sin dicha alguna siente
	verse postrado y rendido,
	y maltratado igualmente
	de amor y desdén ha sido!» «Afligido
	viva entre desdén y amor

122

el que aborrece querido,
pues le estuviera mejor
amar siendo aborrecido.»

Aurelio   Supuesto que el deber no
es culpa, en que desmerece
mi amor, y mi amor faltó,
siéntalo quien lo padece,
que no he de sentirlo yo;
    y pues es rigor del hado
aborrecer obligado,
digo que es mejor partido,
entre amar aborrecido
o aborrecer siendo amado.

Música   «Culpe al hado
quien infelice ha nacido
y se ve en el peor estado
entre amar aborrecido
o aborrecer siendo amado.»

Aminta   «¡Culpe al hado
quien infelice ha nacido
y se ve en el peor estado
entre amar aborrecido
o aborrecer siendo amado.»

(Levántase Aminta, como furiosa.)

Rey   ¿Qué es esto, Aminta?

Aminta   No sé.
En mis penas divertida,
me arrebató un sentimiento,

una pasión, una ira.
Dejad, dejad las canciones;
que si a divertirme miran,
más me matan que divierten.

Rey   ¡Hermana!

Todos   ¡Señora!

Irene   ¡Aminta!

Aminta   Dejadme todos, dejadme;
nadie —¡ay infeliz!— me siga;
mejor estoy a mi solas,
pues mi mejor compañía
solo puede ser mi pena.

Rey   Seguidla todos, seguidla.
¿Qué mortal pasión, Irene,
es ésta?

Irene   No sé qué diga,
si no es que a quien está triste
poco la música alivia,
pues antes dicen que aumenta
más la pasión.

Rey   Por su vida
no sé, Irene, lo que diera.

(Sale Lidoro.)

Lidoro   Bien puedo pedirte albricias.

Rey   ¿De qué?

Lidoro   De que ese bajel,
                       nao marchante de la India
                       oriental, cargado viene
                       de plata, oro y piedras ricas,
                       a hacer empleo en los frutos
                       que esta tierra fertilizan,
                       con que ha de exceder tu reino
                       a las comarcanas islas.

Rey   Yo las albricias te mando,
                       que llega a ocasión que es dicha,
                       pues puedo hacer, con su empleo,
                       que a la de Egnido se siga
                       la guerra; que he de morir
                       o acabar de destruirla.

(Vase.)

Lidoro (Aparte.)   (¡Qué al contrario ha de salirle
                       el empleo que imagina!)

Aurelio   Aunque de paso, no puedo
                       dejar, Irene divina,
                       de decir que mi esperanza
                       aun vive.

Irene   Mucho me admira
                       que aun para decirme eso
                       al rey le perdáis de vista.
                       Id tras él, que importa más
                       que mi amor.

Aurelio	Bien me castigas.

(Vase.)

Irene	No mucho, pues que te dejo
	aquesa esperanza viva.
(Aparte.)	(Allí Lidoro ha quedado.
	¡Oh, si las ferias del día
	diesen ocasión de hablarle!)

Lidoro (Aparte.)	(Allí quedó Irene. Dicha
	fuera que hablarla pudiera,
	porque pudiera decirla
	de dónde la nao viene.)

Malandrín	¿Ves estas penas de Aminta?
	Pues tú, señor...

Dante	Ya lo sé,
	ya lo sé, no me lo digas;
	que pues nada me remedia,
	no es bien que todo me aflija.
	¿Ves aquel afecto? ¿Ves
	aquella pasión que obliga
	a sentimiento a las piedras?
	Pues menos tras sí me tira
	que aquel helado desdén;
	tanto que, en una acción misma,
	quiero oír más aquí rigores
	que allí ponderar caricias.
	Bellísima Irene, ¿cuándo,
	cuándo, apacible homicida,
	has de acabar de pagar
	con una muerte dos vidas?

¿Cuándo podrá el rendimiento
de un triste...?

Irene   No, no prosigas;
que para saber que nunca
han de ser menos mis iras
no es menester que me tome
más tiempo en que te lo diga.

Dante   ¿Es posible que no puedan
hallar tantas ansias mías
lugar en tu pecho?

Irene   No.

Dante   Pues ¿qué haré yo en que te sirva?

Irene   Irte, sin decirme nada.

(Hace Dante una reverencia y se va a hablar con Lidoro.)

Malandrín (Aparte.)   (¡Qué obediencia tan rendida!
No hiciera un novicio más.)

Dante   ¡Celio!

Lidoro   ¿Qué me mandas?

Dante   Mira,
amigos somos los dos,
tus fortunas me lastiman,
lastímente mis fortunas.
A esa fiera, a esa enemiga,
a esa esfinge, a esa sirena,

áspid de esta nueva Libia,
ya que me cierra los labios,
la dirás de parte mía
que no me agradezca tanto
el mirarse obedecida,
a vista de su desdén,
cuanto del amor de Aminta.

(Vase.)

Malandrín   Y yo ¿puedo decir algo?

Irene   Menos vos; idos aprisa.

(Hace Malandrín una reverencia y se va hacia Lidoro.)

Malandrín   Decid a aquesa señora,
Celio, tan desvanecida,
que eso se merece quien
en el bosque y en la quinta
no la dejó en fiera y fuego
ser vianda o ser ceniza.

(Vase.)

Lidoro   Grande dicha ha sido, Irene,
que los cielos me permitan
lugar de hablarte.

Irene   Mía es,
si es que es de alguno, la dicha,
para que pueda también
en ti aprovechar mis iras.

Lidoro	¿Iras?
Irene	Sí.
Lidoro	Pues ¿con qué causa conmigo también te indignas?
Irene	Dijísteme que a este puerto hecho mercader venías de joyas y de pinturas, unas bellas, si otras ricas, a fin de reconocer, siendo tú propio tu espía, el modo de mi prisión, para ver cómo podrías, con el valor o la industria, o conquistarla o abrirla. Añadiste a esto que a Dante, autor de nuestras desdichas, venías a dar la muerte. Dejo aparte aquella ruina del bajel, dejo que fuese él quien te ampare y te asista, dejo que le hayas pagado el favor con más altiva fineza, cuanto va a ser generosa una, otra pía; y voy a que, si ya en paz te han puesto sus hidalguías con él, y queda el rencor airoso, ¿cómo no aspiras a vengarte, cómo, en vez de darle muerte, te humillas a recibir beneficios?

¿Tú alcaide suyo?

Lidoro   Oye, mira;
que si el poco tiempo que hay
en quejas le desperdicias,
hará falta a lo que importa.
Sabe, Irene, sabe, prima,
que ese bajel que ha llegado
es tu padre el que le envía.
Por cabo dél viene Libio,
con aquella intención misma
que traje yo; que sabiendo
mi pérdida, solicita
el rey, que me juzga muerto,
que otro en mi lugar te asista.
Preñado caballo griego
de máquinas exquisitas
de fuego, es Etna del mar
que, afectado por encima
de la nieve del contrato,
encubre dentro la mina
que ha de reventar en Chipre
pasmo, horror, asombro y grima,
si ya no vence la industria
antes que las armas. Mira
ahora si te está mal
que yo las llaves admita
del puerto, y...

(Aminta dentro.)

Aminta   Dejadme todos;
no me siga nadie.

Lidoro	Aminta viene allí.
Irene	No poder siento responder agradecida a la nueva y, pues el mar con los jardines confina del palacio, y tú en él tienes dominio, a que no resistan las guardas, aquesta noche en un esquife a su orilla ven; que yo te esperaré, como acaso divertida en ellos, donde tratemos, antes que de la conquista, de la fuga. Y sea la seña que te doy, porque podría ser que otras damas estén en los jardines...
Lidoro	¿Qué? Dila.
Irene	Porque sea más callada, y de la noche más vista, tener un lienzo en la mano; y así, la que a la marina más se acercare con él soy yo.

(Sale Aminta al paño.)

Lidoro	Ya llega.
Irene	Imagina,

atrevido forastero,
que el no quitarte la vida
por mis manos es porque
no es tu bárbara osadía
capaz de tan gran castigo,
de tan noble muerte digna.

Aminta   ¿Qué es esto?

Irene   Nada, señora.

Aminta   Yo he de saber qué te obliga
                a dar esas voces.

Irene   Oye,
                si saberlo solicitas.
                Dile a quien tan atrevido
                ese recado me envía
                que procure su intención
                lograrla, mas no decirla;
                porque no la logrará,
                habiendo de ella noticia.

(Vase.)

Aminta   Menos lo he entendido ahora.

Lidoro   Pues no está oscura la cifra.
                Criado de Dante soy,
                con sus favores me obliga
                a que de su parte a Irene
                —no sé dónde voy— la diga
                que intención es al rey
                para su esposa pedirla,

si ella da licencia. A que
me respondió enfurecida
que procure su intención
lograrla, mas no decirla;
porque no la logrará,
habiendo de ella noticia.

Aminta   Dice bien, porque soy yo
fiadora de que ofendida
no ha de ser de esa violencia,
cuando mi hermano la admita.
Así lo decid a Dante,
y añadid de parte mía
que hace bien en pretender
con otros medios, si mira
cuán poco los rendimientos
a un ingrato pecho obligan.

Lidoro   Yo lo diré, aunque no sé,
señora, cómo lo diga.

Aminta   ¿Por qué?

Lidoro   Tampoco lo sé.

Aminta   Pues ¿vos me habláis con enigma?

Lidoro   Si lo es mi vida, ¿qué mucho
que de lo que es mío me sirva?

Aminta   No os entiendo.

Lidoro   Yo tampoco.

Aminta	Hablad más claro.
Lidoro	Otro día.
Aminta	¿Por qué no ahora?
Lidoro	Porque soy extraño en estas islas.
Aminta	¿Para hablar importa?
Lidoro	Sí.
Aminta	¿Cómo?
Lidoro	Como el fin peligra de quien ignorado habla; que la razón más bien dicha, por entendida que sea, se halla sin ser entendida.

(Vase.)

Aminta	¡Extraño estilo! No sé qué presume, qué imagina el corazón, que parece que con recelos me avisa que aqueste extranjero es, si atiendo a la bizarría de su acción primera, y luego a la de amistad tan fina, más de lo que dice. Pero que lo sea o no, ¿qué quita ni qué pone a mi dolor?

(Sale Dante.)

Dante (Aparte.)   (Fuése Irene y quedó Aminta.
Mas si ambas son mis estrellas,
¿qué me espanta, qué me admira
que la feliz sea la errante
y la no feliz la fija?)

Aminta   Dante, ¿cómo a este jardín,
cuando ya la sombra pisa
la falda a la luz, entráis?

Dante   Como la luz de tu vista
desmiente tanto la noche
que aun pienso que todo es día.

Aminta   Del academia debió
de sobrar esa poesía,
y como cosa sobrada
la gastáis conmigo.

Dante   Indigna
presunción de un rendimiento...

Aminta   ...que casarse solicita
todavía con Irene,
a cuyo efecto la envía
a tomar de ella licencia,
para que el rey se la pida.

Dante   Hartas causas de quejaros
os han dado mis desdichas.
¿Para qué, si las hay ciertas,

135

os valéis de las fingidas?
Tal licencia no he pedido.

Aminta   Luego ¿causa hay que la finja
entre Irene y Celio?

Dante   No
os entiendo.

Aminta   No me admira;
que yo tampoco me entiendo.
Mas para cuando él os diga
lo que yo le dije a él,
ved que en confianza mía
está Irene, y que palabra
la he dado de que yo impida
que el rey sin gusto la case;
y no juzguéis, por mi vida,
—¡mal juramento!— que son
mis celos los que me obligan,
sino la estimación vuestra;
que es mi voluntad tan fina,
tan hidalgo mi dolor,
tan noble la pena mía,
que, porque ella no os desprecie
tan cara a cara a mi vista,
quiero yo que de mejor
aire su desdén se vista,
y no obligue una violencia
a lo que un amor no obliga.

(Vase.)

Dante   Sin duda que convino

136

a la gran providencia
de los dioses hacer en mí experiencia
de cuánto el alto Júpiter previno
extender los imperios del destino,
pues con aqueste amor presagios tales
me hizo objeto de bienes y de males;
sin que puedan jamás males ni bienes
lograr favores ni decir desdenes.
¡Oh tú, estrella divina,
oh tú, sagrada estrella,
primavera que en campos del Sol huella
la esfera cristalina,
en cuyo influjo Venus predomina!
¡Oh tú, trémula hermana
del Sol, oh imagen ya de la fortuna,
que en el cóncavo espacio de tu Luna
incluyes soberana
el no pisado alcázar de Diana!
Hoy con vuestras centellas,
en quien el Sol parece que ha quedado
a pedazos quebrado,
pues vuestras lumbres bellas
nunca son más que un Sol quebrado a estrellas;
decidme cada una,
o todas me decid, si a todas toca,
¿cuál es aquella —¡ay triste!— que provoca,
siempre infiel, siempre vil, siempre importuna,
el ceño contra mí de mi fortuna?
No quiero que enemiga
deje de ser; no quiero
que favorable contra el hado fiero
se muestre; solo quiero que me diga
por qué un amor a aborrecer me obliga.
¿Por qué un desdén me obliga a que le adore?

Mas ¡ay! que aun ella es fuerza que lo ignore;
que aun a amantes querellas
nunca razón han dado las estrellas.
Salir del jardín quiero.
¿Qué es lo que miro? En otra duda muero,
si no tan rigurosa,
no ya menos penosa,
si el riesgo en que me miro considero.
¡Ay de mí! El jardinero
la puerta me ha cerrado;
que, creyendo que nadie sin el día
aquí estar osaría,
su misma confianza le ha engañado;
igual es el escándalo al cuidado.
Si a propósito un hombre dispusiera
esta ocasión, ¿pudiera
llegar nunca a logralla?
No; que solo se halla
lo más dificultoso a cada paso
dispuesto en los descuidos de un acaso.
Si llamo, inconveniente
es; si no llamo... Pero allí anda gente,
aun para discurrir tiempo me falta,
y mi sombra —¡ay de mí!— me sobresalta.
Fuerza es que recatado
espere a ver lo que dispuso el hado.

(Salen Irene, Aminta, Clori, Flora, Nise y Laura.)

Irene   ¿A estas horas al jardín
                         vuelves, Aminta?

Aminta   El silencio
                         de la noche me convida,

de las hojas y los vientos,
a cuyo compás el mar,
tranquilamente sereno,
responde en blandos embates
la media razón del eco.
Parece que divertida
a las lisonjas del fresco
entre las flores y el agua
me tienen mis sentimientos.

Irene (Aparte.)   (¡Oh, plegue a Dios que Lidoro
no venga —¡ay de mí!— tan presto!)

Dante (Aparte.)   (Aminta, Irene y las damas
son. Recáteme el recelo
de ser sentido, y que piensen
que ha sido el acaso intento.)

Flora   Pues ya que de aqueste sitio
te agrada el divertimiento,
quieres que cantemos?

Aminta   No;
que en la música no tengo
alivio alguno; antes, Flora,
de mi tristeza el extremo
se aumenta con la dulzura
de sus cláusulas.

Irene   Lo mesmo
de las cláusulas del agua
dicen los que ese secreto
observaron; y así harás
bien en retirarte presto,

	pues la experiencia es la misma.
Aminta	Yo por contraria la tengo, pues aquélla me entristece, y ésta me divierte.
Irene (Aparte.)	(¡Cielos, sola esta noche la han dado el mar y el jardín contento!)
Nise	Pues ya que aquí de la noche aliviada estás, ¿qué haremos para divertirte?
Aminta	Una cosa no más apetezco.
Flora	Di, ¿qué es?
Aminta	Que me dejéis sola; porque si llorar pretendo y suspirar, para el llanto y para el suspiro es cierto que el mar y el viento me bastan, pues son de mis sentimientos el mejor amigo el mar, la mejor lisonja el viento.
Irene	No quedas bien aquí sola.
Aminta	Nunca yo sola me quedo; mis penas quedan conmigo.
Irene	Yo a dejarte no me atrevo;

(Aparte.)   (y es verdad, por no dejarte
                             en las manos de mi riesgo)
                             que sola, triste y de noche,
                             es dar al dolor esfuerzo.

Aminta   Pues quédate tú conmigo.

Laura   Nosotras nos retiremos,
                             ya que gusta de eso Aminta.

(Vanse Clori, Flora, Laura y Nise.)

Dante (Aparte.)   (Aminta e Irene —icielos!—
                             solas han quedado, y yo
                             testigo de sus afectos.)

Aminta   Ya que has gustado quedarte
                             conmigo, darte pretendo
                             cuenta de mi mal; que, aunque
                             tú no lo ignoras, sospecho
                             que comunicado pueda
                             aliviar mi sentimiento.

(Saca Aminta un lienzo, como lloros.)

Irene   ¿Lloras?

Aminta   Sí, por que lo digan,
                             Irene mía, primero
                             mis lágrimas que mis voces.

Irene   Quita, por Dios, quita el lienzo
                             de los ojos, ni en la mano
                             le tengas por instrumento

141

(Aparte.)   de esa flaqueza. (¡Ay de mí!
                 Que si viniera a este tiempo
                 Lidoro, y viera la seña,
                 todo estaba descubierto.)

Aminta   No hay cosa, Irene, que más
                 alivie a un rendido pecho
                 que el llanto; y, pues has quedado
                 a servirme de consuelo,
                 no del consuelo me prives.
                 Pero bien haces, si advierto
                 que eres tú de mis pesares
                 la causa...

Irene   Mucho lo siento;
                 pero no sé en qué, porque,
                 si es Dante acaso el objeto
                 de tus tristezas, segura
                 puedes de mí estar, supuesto
                 que sabes que no le estimo.

Aminta   Y aun ése es mi sentimiento,
                 ver que lo que estimo yo
                 nadie trate con desprecio.
                 ¿Hay quien merezca tu amor
                 mejor que él?

Irene   Nunca vi celos
                 que se abatiesen a ser...

Aminta   Irás a decir «terceros
                 de su agravio». No lo digas;
                 porque no lo son, supuesto
                 que el sentir yo su desaire

es nobleza de mi afecto.

Irene
Pues habrás de perdonarme,
que, aunque lo sientas, no puedo
dejar de decir que a Dante
con vida y alma aborrezco.

Dante (Aparte.)
(¿Que digan que mi albedrío
es mío y usar dél puedo,
cuando no puedo pagar
este amor ni aquel desprecio?)

Aminta
No digo yo que le quieras,
pero —iay de mí!— que no tengo
aliento para decirlo.

(Pónese el lienzo en los ojos.)

Irene
¿Otra vez al llanto has vuelto?

Aminta
No, que nunca le he dejado.

(Salen Lidoro y Libio.)

Lidoro
¡Silencio, Libio!

Libio
Al silencio
de la noche se lo di;
que yo piso con tal tiento
que los pasos del valor
parece que los da el miedo.

Lidoro
Con el esquife a la orilla
solo te queda, y los remos

fuera del agua, porque
no hagamos ruido con ellos,
en tanto que yo por esta
playa en los jardines entro,
a ver qué dispone Irene,
de quien ya la seña tengo.

Libio
  En la orilla, dado cabo
a mi misma mano, espero,
porque no pueda el esquife
apartarse.

Lidoro
  Hacia allí veo
dos bultos y, si diviso
a los trémulos reflejos
de la escasa luz la seña,
Irene es, pues con el lienzo
parece que está llamando.

Irene (Aparte.)
(Que venga Lidoro temo,
y con la seña se engañe.)

Lidoro
¿Qué, para llegar, recelo?
Que el estar acompañada,
puesto que la seña ha hecho,
será de alguien que se fía.
No dirás que tarde vengo;
pero ¿qué mucho...

Aminta
     ¡Ay de mí!

Irene
¡Y de mí también!

Lidoro
    ...si el viento

	me trajo de mis suspiros?
Aminta (Aparte.)	(¡Apenas a hablar acierto!) ¿Qué es esto, Irene?
Irene	Pues yo, señora, ¿qué sé?
Aminta (Aparte.)	(¡El aliento me falta!)
Dante (Aparte.)	(Un hombre salir del mar a la playa veo.)
Aminta	Hombre, ¿quién eres? ¿O cómo aquí has entrado? ¿Qué es esto?
Irene (Aparte.)	(No sé cómo —¡ay de mí!— pueda poner a este mal remedio.)
Lidoro	¿De qué, Irene, tan turbada me recibes, cuando llego llamado de ti?
Aminta	No soy Irene y, pues que ya advierto que hay aquí más intención, cobre mi desdicha aliento. Hombre, ¿quién eres?
Lidoro (Aparte.)	No sé. (¡Aminta es, viven los cielos, la que con la seña estaba!)

Dante (Aparte.)	(A salir no me resuelvo, hasta averiguar mejor de todo el lance el empeño.)
Aminta	¡Traición, traición! ¡Flora, Nise, Laura, Clori!
Irene	A tus acentos pon silencio, si no quieres perder la vida a este acero. Lidoro, ya declarados estamos y descubiertos.
Dante (Aparte.)	(¿Lidoro dijo? ¿Qué escucho?)
Irene	No hay sino que el valor nuestro, a pesar de la fortuna, apele al último esfuerzo, y lo que ha de ser mañana, mejor será que sea luego. Y pues el esquife está en la playa, y en el puerto el bajel, no hay que esperar, sino dar la vela al viento.
Lidoro	Dices bien; y porque nada los dos por hacer dejemos, Aminta ha de ir con nosotros.
Aminta	¿No hay quien me socorra, cielos?
Dante	Sí; que aquí está quien defienda tantos traidores intentos.

Lidoro	¿De dónde, Dante, has salido a estorbar mi dicha?
Dante	El centro de la tierra me ha arrojado para ser castigo vuestro.

(Sale Libio.)

Libio	Fiado el esquife a la arena, a hallarme a tu lado vengo.
Lidoro	Entre tú e Irene, Libio, mientras yo el paso defiendo a Dante, llevad a Aminta al esquife.
Aminta	¡Piedad, cielos!
Irene	Ven, ingrata; que has de ser mi prisionera otro tiempo.
Aminta	¡Flora, Nise, Clori, Laura!
Irene	Pondréte en la boca el lienzo que te pusiste en los ojos; sirva de algo en mi provecho, pues tanto sirvió en mi daño.

(Llevan Irene y Libio a Aminta.)

Dante	Hoy verás, Lidoro o Celio, castigadas tus traiciones.

(Riñen los dos. Dentro dicen.)

Irene y Aminta   ¡Piedad, dioses!

Lidoro   ¿Qué es aquello?

(Sale Libio.)

Libio   Que el esquife, desasido
              del cabo que le di a tiento,
              se ha alejado de la orilla,
              e Irene y Aminta dentro
              solas, corriendo fortuna,
              fluctúan sin vela y remo.

(Dentro.)

Irene y Aminta   ¡Socorro, dioses!

Unos   ¡Traición!

Otros   ¡Acudid, acudid presto!

Dante   ¿Cómo a socorrer sus vidas
              yo no me arrojo, supuesto
              que, donde ellas son lo más,
              todo lo demás es menos?
(A Lidoro.)   No huyo de tu riesgo, pues
              voy a buscar mayor riesgo.

(Vase. Salen el Rey, Aurelio, Clori, Nise, Laura, Flora y criados con hachas.)

Libio   Al mar se arroja.

Lidoro   Tras él
              me echaré.

Libio   Tente.

Rey   ¿Qué es esto?

Lidoro   No lo sé, señor; que yo,
              al ruido también saliendo
              a correr las centinelas
              del balüarte del puerto,
              hasta aquí llegué, y lo más
              que haber terminado puedo
              es que Aminta, Irene y Dante
              en un esquife pequeño
              se han echado al mar.

Aurelio   Yo de estas
              embarcaciones me atrevo
              a tomar una y seguirlos.

(Vase.)

Lidoro   Yo también haré lo mesmo.
              Ven, Libio; que si una vez
              el bajel cobro, y del puerto
              salgo, cobraré el esquife.

(Vanse Lidoro y Libio.)

Rey   No en vano, no en vano, cielos,
              en sus estatuas me dijo
              el oráculo de Venus
              que vendría a ser Irene

149

escándalo de mis reinos.
Ya lo vi, pues que ya vi
fieras, diluvios e incendios
contra Aminta conjurados,
y ahora los elementos;

(Ruido de tempestad.)   pues, embravecido el mar,
reconociéndola dentro,
el cielo a escalar se atreve,
montes sobre montes puestos.
¿Qué es esto, hermosas deidades?
¿Hermosas luces, qué es esto?

(Hablan en lo alto Diana y Venus.)

Diana y Venus   Nada las dos experiencias
dijeron de tierra y fuego,
y queremos ver si dicen
más las del agua y del viento.

Rey   Ecos —¡ay cielo!— en el aire
oigo; y pues no los entiendo,
los sacrificios alcancen
qué quiere decirme el cielo;
que pues nada la experiencia
ha dicho de tierra y fuego,
solicito que me diga
más la del agua y del viento.

(Vanse. Descúbrese un bajel, y en él Irene, Aminta y Dante.)

Irene   ¡Piedad, dioses soberanos!

Aminta   ¡Socorro, dioses inmensos!

Irene	¡Que, embravecidos los aires...
Aminta	¡Que, sañudo el mar soberbio...
Irene	...de este mísero bajel...
Aminta	...de este errado frágil leño...
Irene	...la quilla toca a la arena!
Aminta	...y la gavia al firmamento!
Dante	Sola esta vez vino bien encarecido el proverbio, puesto que por las dos anda el que anda el mar por los cielos. Ni por ti pude hacer más, Irene, ni por ti menos, Aminta, que despechado arrojarme a socorreros. Y pues al borde del barco llegué —¡ay infelice!— a tiempo que, amotinadas las ondas, una es nube y otra es centro, ya que no puedo vencer, ya que contrastar no puedo ni los embates del mar ni las ráfagas del viento, con morir entre las dos habrá cumplido mi afecto.
Irene	Por más, Dante, que te mueva en mi favor ese aliento, y, a pesar de mis traiciones,

tu fineza haga ese esfuerzo,
no has de obligarme; y no tanto
de esta tormenta me alegro
porque amenaza mi vida,
que más que a ti la aborrezco,
cuanto porque sé que, ya
que muero a su desdén, muero
no dejándote a ti vivo.

Aminta   Yo, Dante, al contrario siento,
pues el riesgo de mi vida
ni le estimo ni le temo.
¡Pluguiera al cielo que en mí
quebrara la suerte el ceño
y vivieras tú, por quien
gustosa mi vida ofrezco
en humano sacrificio
a la gran deidad de Venus.

Irene   Yo a la deidad de Diana,
porque muramos a un tiempo,
y sea el mar de mí y de Dante
sacrílego monumento.

Aminta   ¡Piedad, dioses!

Irene   ¡Iras, dioses!

Aminta   ¡Piedad, cielos!

Irene   ¡Iras, cielos!

(Suenan instrumentos y terremoto.)

Dante	Iras pedís y piedades,
	y a ambas parece que oyeron
	dioses y cielos, pues, cuando
	brama el mar y gime el viento,
	dulces instrumentos suenan.
	¿Quién vio en un instante mesmo
	cláusulas tan desiguales
	como dulzura y lamento?
Música	«Dante, si quieres que el mar
	mitigue el furor soberbio,
	una de aquesas dos vidas
	has de arrojar a su centro.
	Resuélvete, y sea presto,
	para que el mar serene y calme el viento.»
Dante	Voz que, entre tormenta y calma,
	oráculo eres tan nuevo
	que nunca se vio de dos
	contrariedades compuesto,
	si de humano sacrificio
	está Neptuno sediento,
	y ha de ser víctima humana
	su culto, la mía te ofrezco.
	Viva Irene y viva Aminta;
	muera yo, que librar pienso
	a la una porque me quiere,
	a la otra porque la quiero.
Música	«Una ha de ser de las dos
	la que elijas, por decreto
	de los hados destinada.»
Dante	¿No hay remedio?

Música	«No hay remedio.
	Resuélvete, y sea presto,
	para que el mar serene y calme el viento.»

Dante	¡Ay infelice de mí!
	¡En qué confusión me veo,
	entre aquel desdén que adoro
	y aquel amor que aborrezco!

Irene	¿En qué confusión te ves,
	si es tan fácil la elección,
	cuando de mi inclinación
	sabes el afecto? Y, pues
	tanto te aborrezco que es
	quererte dolor más fuerte
	que la muerte, dame muerte
	y cúmplase en mí el destino,
	porque no te quiero fino
	a trueco de no quererte.

Aminta	¿En qué confusión estás,
	si la elección facilitas
	cuando ves que en mí te quitas
	lo que tú aborreces más?
	Dame a mí muerte y verás
	que, cuando me mates, trato
	quererte, sin que el contrato
	altere mi amor; pues fiel
	¿qué hará en querete cruel
	la que te ha querido ingrato?

| Dante | De dos afectos no infiero, |
| | cielo, cuál a cuál prefiere. |

Dar muerte a la que me quiere
es un desaire grosero;
pues dar muerte a la que quiero
es un tirano rigor.
¿Qué harán mi amor y mi honor
cuando en tal duda se ven?
Dilo, amor.

Música   Viva el desdén.

Dante   Dilo, honor.

Música   Viva el amor.

Irene   Darme a mí la vida es
tan baja y tan vil acción
como ver la obligación
al lado del interés.
El tuyo es mi vida, pues
la quieres y, siendo así,
nada recibo de ti,
aunque la vida reciba,
pues el querer que yo viva
no es hacer nada por mí.

Aminta   ¿Quién, cuando pudo obligar
de lo que quiso el rigor,
tuvo en su mano el amor
y echó su amor en el mar?
Decir que te pude dar
nota de infamia en tu fama
es error; porque a quien ama
todos airoso le ven,
pues solo está airoso quien

está airoso con su dama.

Dante   En dos mitades partido
siempre el corazón ha estado,
de un desdén enamorado,
de un amor agradecido;
mas nunca —¡ay de mí!— ha tenido
las dudas en que hoy le ven
los hados. ¿Quién, cielos, quién
me dirá, en tanto rigor,
qué elija...?

Música   «Viva el amor.»

Dante   ¿...qué escoja?

Música   «Viva el desdén.»

Irene   Si es que a obligarme te mueves,
¿quieres templar mi fineza?

Aminta   ¿Quieres con una fineza
pagarme lo que me debes?

Dante   Sí.

Irene   Pues, en discursos breves,
dame la muerte.

Dante   Eso no;
que amor tu ira me debió.

Aminta   Dámela a mí, si a ella quieres.

156

Dante	Eso no; porque tú eres a quien se le debo yo.
Irene	Poco en mí vas a lograr.
Aminta	Nada en mí vas a perder.
Irene	Siempre te he de aborrecer.
Aminta	Nunca yo te he de olvidar.
Irene	Tu honor se ofende en dudar.
Aminta	En dudar tu amor también.
Irene	Muerte tus ansias me den.
Aminta	Muerte me dé tu rigor. Muera yo, y viva el amor.
Irene	Muera yo, y viva el desdén.
Aminta e Irene	«Y para que estén cielo y tierra suspensos...»
Aminta, Irene y Música	«Resuélvete, y sea presto, para que el mar serene y calme el viento.»
Dante	¿A qué me he de resolver, partido entre dos extremos, si la que más razón tiene, la que tiene más derecho, es la postrera que escucho

y la primera que veo?
¿Puedo yo arrojar a Irene,
que es la vida en quien aliento?
No. Perdona, Aminta hermosa.
Mas no perdones tan presto;
que, aunque resuelvo ser fino,
ser ingrato no resuelvo.
¿Puedo yo arrojar a Aminta,
a quien tantas ansias cuesto?
No. Perdona, Irene bella.
Pero tú tampoco —¡ay cielos!—
me perdones; que, por ser
cortés, no he de ser sangriento.
Perder a Irene es venganza;
perder a Aminta es desprecio.
Amor, desdén, de una vida
os doled, dadme consejo.

Música   «Resuélvete, y sea presto,
                   para que el mar serene y calme el viento.»

Irene   ¿Qué esperas, Dante?

Aminta   ¿Qué aguardas?

Irene   Si estás notando...

Aminta   ....estás viendo...

Aminta e Irene   ...que, porque una no se pierda,
                   pierdes a las dos a un tiempo.

Dante   Pues, ya que he de resolverme,
                   aquí piadoso, allí fiero,

muera yo de enamorado
y no viva de grosero.
Perdóname, Irene; que antes
es mi honor que mi tormento.

Irene   ¿Esto es lo que me has querido?

(Llora.)

Dante   ¿Tú no me aconsejas esto?

Irene   Sí; pero hay consejos que
no los dan los sentimientos
para que se tomen; y una
cosa es, contingente el riesgo,
aconsejar yo, y es otra
que tú tomes el consejo.

Dante   Ésta es la primera vez
que vi terneza en tu pecho.
¿Llorar sabes? Mucho sabes,
pues lo guardaste a este tiempo.
Perdona, Aminta, que llora
Irene.

Aminta   Yo te agradezco
que, aun para matarme, vuelvas
a mí. Y pues no me arrepiento
del consejo que te he dado,
échame al mar; que más quiero
morir alegre que ver
a Irene triste, supuesto
que tú has de sentir su llanto.

Dante

¿Quién vio tan trocado afecto
como ver, en un instante
pasando de extremo a extremo,
quien por mí riyó llorando,
quien por mí lloró riyendo?
Mucho supo la hermosura
que supo llorar a tiempo,
y aun la que supo reír,
a fe que no supo menos.
De amado y aborrecido
las dos pasiones padezco.
Aborrecido de muchas
puedo ser, ¿quién duda? Pero
pocas hallaré que me amen.
Y así al amor me resuelvo
a coronar, no al desdén;
y digan de mí los tiempos
que falté a mi conveniencia,
mas no a mi agradecimiento.
Admite, pues, en tu espuma,
o sacra deidad de Venus,
la ingrata víctima humana
de Irene; sepulte el centro
en ella la ingratitud,
porque no haya humano pecho
que juzque a mejor vivir
amando que aborreciendo.

(Al ir a arrojarla, salen Venus y Diana en lo alto.)

Venus   ¡Oye!

Diana   ¡Aguarda!

Venus	¡Escucha!
Diana	¡Espera!
Dante	¿Qué quiere decirme el viento?
Música	«¡Victoria por el amor! ¡Viva la deidad de Venus!»
Venus	Como no ha querido más de nuestra cuestión el duelo que llegar a la experiencia de si es el más noble afecto de una hermosura el amor, pues que es suyo el vencimiento. Y así, serenado el mar, vuelve al abrigo del puerto, donde mi oráculo ya ha prevenido el suceso, para que, en vez de castigo, el rey, al perdón atento, de Aminta esposo te haga festivos recibimientos, que ya desde aquí se escuchan, diciendo a voces el eco:
Música	«¡Victoria por el amor! ¡Viva la deidad de Venus!»
Dante	Felice mil veces yo, que no solamente veo tranquilo el mar, de su espuma bellísima deidad, pero el mar de mis confusiones

161

	también tranquilo y sereno.
Aminta	La felicidad es mía.
Irene	Y mío solo el tormento.
Dante	¡A tierra, a tierra! Y digamos todos con la voz a un tiempo:
Música	«¡Victoria por el amor! ¡Viva la deidad de Venus!»

(Ocúltase el bajel con los tres y descienden de lo alto Venus y Diana.)

Diana	Confieso que me has vencido; pero no, Venus, confieso de una errada elección la razón del vencimiento. Y para que no imagines que por desaire lo tengo, yo la primera he de ser que guíe de estos festejos, con que el rey recibe a Dante, la máscara que han dispuesto para las bodas de Aminta las damas, mientras prevengo otra experiencia, en que quede victoriosa.
Venus	Yo te acepto la lisonja ahora, y después la competencia; y, supuesto que ayudar quieres, empieza con la música diciendo:

(Salen dos damas con máscara y hachas, tómanlas también Venus y Diana, y mientras danzan y cantan la copla que se sigue, salen por una parte el Rey, Aurelio, Malandrín, Lidoro y Libio, y por otra Irene, Aminta y Dante.)

Música	«¡Victoria por el amor!
	¡Viva la deidad de Venus!
	Aves, fuentes, plantas, flores,
	decidme en los ecos de vuestros amores,
	para triunfar más segura
	una divina hermosura
	¿qué afecto será mejor?
	Amor; pues él es el superior
	y el que al fin le está más bien.
	¡Viva el amor y muera el desdén;
	muera el desdén y viva el amor!»
Dante	A tus plantas...
Rey	No me digas
	nada; ya de todo tengo
	noticia, favorecido
	del oráculo de Venus;
	y pues ella favorable
	te es, ya en mí es fuerza el serlo.
	A Aminta le da la mano.
Aminta	Logró mi fineza el cielo.
Dante	Dichoso yo.
Malandrín	¿Que ésa es dicha?
	¿Casar con quien quieres menos?

Dante	Sí; que para dama es buena, Malandrín, la que yo quiero; para esposa, la que a mí me quiere.

(A Irene.)

Rey	Y tú, hermoso bello prodigio de ingratitud, con quien, prisionera, tengo la paz de Egnido segura, pues ves que de tus intentos las traiciones no consigues, y Lidoro, a mis pies puesto, impedido de la diosa, no pudo salir del puerto, A Aurelio le da la mano; que has de vivir en mi reino siempre prisionera.

Irene	¿A quien tuvo mi favor en menos que su fortuna he de dar la mano? Pero ¿qué temo, si quien a desprecios mata, es bien que muera a desprecios?

Lidoro	Malogré de mi intención y de mi amor el efecto.

Diana	Pues para que se prosigan las músicas y los versos, a que de embozo asistimos, a aplazarte otra lid vuelvo

164

de ingratitud y de amor.

Venus   Venceréte también. Pero
¿dónde ha de ser?

Diana   En la Arcadia.

Venus   ¿Quién ha de ser el sujeto?

Diana   Amarilis, ninfa mía.

Venus   ¿Adónde?

Diana   A este sitio mesmo.

Venus   ¿Juez?

Diana   Este mismo auditorio.

Venus   ¿Pluma?

Diana   La de tres ingenios.

Venus   Pues yo acepto el desafío,
fiada en que también tengo
en Arcadia un Pastor Fido
que ha de dar nombre a ese ejemplo.

Diana   Pues en tanto que se llega
de aquella experiencia el tiempo,
pidamos perdón ahora,
con la música diciendo:

Música   «¡Victoria por el amor!

¡Viva la deidad de Venus!»

Fin de la comedia

Libros a la carta

A la carta es un servicio especializado para
empresas,
librerías,
bibliotecas,
editoriales
y centros de enseñanza;
y permite confeccionar libros que, por su formato y concepción, sirven a los propósitos más específicos de estas instituciones.

Las empresas nos encargan ediciones personalizadas para marketing editorial o para regalos institucionales. Y los interesados solicitan, a título personal, ediciones antiguas, o no disponibles en el mercado; y las acompañan con notas y comentarios críticos.

Las ediciones tienen como apoyo un libro de estilo con todo tipo de referencias sobre los criterios de tratamiento tipográfico aplicados a nuestros libros que puede ser consultado en Linkgua-ediciones.com.

Linkgua edita por encargo diferentes versiones de una misma obra con distintos tratamientos ortotipográficos (actualizaciones de carácter divulgativo de un clásico, o versiones estrictamente fieles a la edición original de referencia). Este servicio de ediciones a la carta le permitirá, si usted se dedica a la enseñanza, tener una forma de hacer pública su interpretación de un texto y, sobre una versión digitalizada «base», usted podrá introducir interpretaciones del texto fuente. Es un tópico que los profesores denuncien en clase los desmanes de una edición, o vayan comentando errores de interpretación de un texto y esta es una solución útil a esa necesidad del mundo académico.

Asimismo publicamos de manera sistemática, en un mismo catálogo, tesis doctorales y actas de congresos académicos, que son distribuidas a través de nuestra Web.

El servicio de «libros a la carta» funciona de dos formas.

1. Tenemos un fondo de libros digitalizados que usted puede personalizar en tiradas de al menos cinco ejemplares. Estas personalizaciones pueden ser de todo tipo: añadir notas de clase para uso de un grupo de estudiantes, introducir logos corporativos para uso con fines de marketing empresarial, etc. etc.

2. Buscamos libros descatalogados de otras editoriales y los reeditamos en tiradas cortas a petición de un cliente.

www.ingramcontent.com/pod-product-compliance
Lightning Source LLC
La Vergne TN
LVHW062058090426
835512LV00034B/463